あなたの中のヒトラーが会社を滅ぼす。

右脳に歩み寄る慈愛と慈悲の最高経営学

藤波鎮夫
ファーストクラス・コンサルティング・フォース＝著

FIRST
ファーストプレス

はじめに

「売上げが足りない」「利益が足りない」
「新規クライアントが開拓できない」
「人が育たない」「離職率が高い」
「業界を取り巻く環境が悪く、売上げが伸びない」
「資金繰りがうまくいかず、今月末の銀行への返済ができない」
「優秀な社員がいないので、戦略を立てても実行する者がいない」
「社員とうまくコミュニケーションができない」……

多くの経営者が、同じ悩みを抱えています。
これらの悩みの原因は、経営者であるあなたの外にあるのでしょうか。

「政府の政策が悪いから?」「競業が出てきたから?」「社員のできが悪いから?」

本当に、そうなのでしょうか。

いいえ。原因の根本は、あなたの内にあるのです。これら悩みのすべては、たったひとつの根本原因によって起こるべくして起こっているのです。


わたしたちは30年に渡り、経営者が抱えるリアルな問題・課題を根本解決するために、さまざまな打ち手や改革のための戦略企画を研究し、実践を積み重ねるなかで、真理を発見しました。

それは、経営者であるあなたの「思考と判断」が、あなたの内にいる究極の独裁者「ヒトラー」に、完全に支配されているということです。

さらに悪いことに、あなた自身は、あなたの中の「ヒトラー」に事業や人生が支配されていることに、まったく気づいていないのです。


「お客さま第一主義」と企業理念に掲げながら、資金繰りや会社、自分の生活を守ることしか考えていないあなたの日常の表情や判断、行動を見て、社員がお客さまを大切にするでしょうか？　取引先があなたを応援するでしょうか？

自分の利益のことだけしか考えていないあなたのために、だれが汗水たらして売上げを上げようとがんばるでしょうか？

世の中には経営者のエゴにより、事業が継続できなくなったり、ベンチャーを起業したけれど収益が上がらず、多額の借金を抱えて悩み苦しむ経営者やアントレプレナーが後を絶ちません。

多くの場合、事業がうまくいかないだけでなく、経営者自身とその家族が事業の犠牲となり、精神的、身体的に不調をきたしたり、家庭生活も崩壊するなど、個人の人生も不幸になっています。

そして最悪のケースでは、経営者自身が自らの命を絶ってしまったり、家族共々、一家心中してしまうという、あってはならない不幸な現実も存在します。

本書では、あなたの事業や人生を支配している究極の独裁者「ヒトラー」の正体、構造、特徴を明らかにし、その支配が、どのような影響を及ぼしているのか。なぜ、一生懸命にがんばっているのに事業や人生がうまくいかないのか。その根本的な原因を解析していきます。

そのうえで、あなたが、あなた自身の中の「ヒトラー」の支配から解放され、事業や経営、人生を自らの手で、抜本的、根本的に改革できるようになるための「究極のメソッド」をご紹介します。

そのメソッド、真理は、事業に関わるすべての人を、物心両面でこのうえなく豊かに、心の底から幸せにする究極の経営学＝「右脳に歩み寄る慈愛と慈悲の最高経営学」にあります。

エゴに支配された人生は、苦難の道が待っています。トラブルが待っています。問題が尽きません。不安や心配が尽きません。後悔がつきまといます。

しかし、「右脳の人格」＝「慈愛と慈悲のエネルギー」にシフトをすると、その不安や心配は消えていきます。過去の後悔はなくなっていきます。

人生や事業を根本的、抜本的に改革するためには、エゴを見抜いた上で、エゴを消し去り、「左脳の人格」＝「エゴ」から、「右脳の人格」＝「慈愛と慈悲のエネルギー」にシフトするしかないのです。

本書が、事業や経営、人生のさまざまな問題、課題に悩み、苦しんでいるすべての経営者、アントレプレナー、ビジネスパーソン、従業員、関係者のご家族の皆さまの人生を、物心両面の豊かさと、心の底からの幸せな人生を実現するために、少しでもお役に立てることを、心より願っています。

なお本書は、ナチスやヒトラー、暴力を賛美するものではありません。また、戦争を美化する考えはありません。

著者

慈愛と慈悲

本書では、「慈愛と慈悲」というキーワードが随所に登場します。

この「慈愛と慈悲」という言葉は、人によって捉え方や理解が大きく異なります。

本書が読者に伝えたい「慈愛と慈悲」の共有の理解、認識をここでご紹介させていただきます。

本書における「慈愛と慈悲」の定義は、一般的な社会通念における「愛と感謝」という言葉に対する認識や観念、考え方、捉え方を超越した、本当に深く大きな愛と感謝のエネルギーのことです。

本書では、「慈愛と慈悲」を定義づける前提として、全宇宙の森羅万象、自分も、家族も、友人も、知人も、チームメイトも、異文化圏で生活する方も、まだ生まれていない命も、すでに他界した命も、人間以外の動物も、植物も、水も、鉱石も、空気も、すべてが大いなる宇宙のエッセンス、エネルギーの顕れとしています。

その上で、慈愛とは、己の煩悩や価値観、執着心を消し去り、一切の私心をなくした状態で、自らの犠牲をいとわず、すべてに感謝し、他の幸せのために、すべてを包み込む、いつくしむ、深く、大きな愛と定義しています。

慈愛は例えるなら「菩薩のような深く大きな優しい愛」です。

一方、慈悲とは、一般的には、次のように説明されています。

慈＝すべてに対する平等の友情。

悲＝己の痛みや苦しみの経験から、他の痛みや苦しみがわかる。それ故に他を救う心に至ること。

本書でいう慈悲とは、己の煩悩や価値観、執着を消し去り、一切の私心をなくし、すべてに感謝し、他の幸せのために自らの犠牲をいとわず、時に厳しく、自主自立を祈る心で、思考、判断、言動、行動することと定義しています。

慈悲を例えるなら、「阿吽＝仁王のような深く大きな厳しい愛」です。

なお本書は、政治的思想、宗教的思想、差別、イデオロギーの趣向や考えを表明するものではありません。

第2章 経営がうまくいかない唯一の理由「エゴ」

第3章 エゴが形成されるメカニズムを知る

エゴに思考と感情を支配されている 137

第4章

右脳に歩み寄る「慈愛と慈悲」の最高経営学

第1章

あなたの中にヒトラーは潜んでいる

人類史上最悪の悲劇

「人類史上、究極のエゴが引き起こした最悪の悲劇は？」と聞かれたら、わたしは真っ先にナチスドイツが行なった「ホロコースト」（ユダヤの宗教儀式である「丸焼きにして神に捧げる獣の生け贄」というギリシャ語が語源）を挙げます。

この責任者は、第二次世界大戦時のドイツの国家元首、総統の「アドルフ・ヒトラー」（1889〜1945年）です。

1933年3月24日、悪名高い「全権委任法」を成立させ、ヒトラーはすべてを決定できる史上最大の権限を持ちました。

「全権委任法」とは、立法権を国会に代わって政府（ヒトラー内閣）に与え、その政府立法は憲法よりも優越するという法律です。しかも、大統領に代わって、首相（アドルフ・ヒトラー）が法令認証権を得ることになりました。

要するに、すべてヒトラーがひとりで決められる法律になったのです。

また、ナチスが掲げた「指導者原理」には驚かされます。

「上位の指導者は下位には無制約の権威を持つが責任は負わず、下位の者は上位の指導者に絶対的な責任を負う」という、指導者が被指導者に対して無条件の服従と忠誠を要求する思想です。これがナチズムの根幹原理なのです。

下位の者は、上位の者の失敗のすべての責任を負うので、常に上位の者の意向を伺って行動するようになります。

こうして、すべての国民に最上位にいるアドルフ・ヒトラーに対して絶対的な忠誠を誓わせたのです。

さらに「選民思想」。

ナチスはアーリア人の血統を継ぐゲルマン民族が優等であり、劣等である他人種に対して社会的に優位に立つ資格があると考え、当時、ドイツ国内のあらゆる階層で軋轢のあったユダヤ人に、その矛先が向けられました。

その結果が、ユダヤ人大量殺戮の「ホロコースト」へと進んで行くのです。ユダヤ人として生まれたという理由だけで、大人も子どもも、すべてを抹殺して、民族を根絶やしにしようとしたのです。

犠牲者の数は、少なくとも600万人以上だといわれています。その中には150万人の子どもたちが含まれます。

同じ人間なのに、ここまでできるのか。「ひどい」としか言いようがありません。

しかしアドルフ・ヒトラーは選挙によって国民に選ばれ、国家元首となったのです。当時のドイツには、何百万人という熱狂的なヒトラーの支持者がいました。

なぜか。

ヒトラーには他を圧倒するカリスマ性があったからです。彼がひとたび演説を始めると、5分もしないうちに、皆、吸い込まれたそうです。

彼が常に発信し続けたのは、「ゲルマン民族（ドイツ人）をもう一度、誇りのある民族にしよう。ゲルマン民族が飢えないように、仕事に困らないように、物心両面で豊かになるように、誇りを取り戻そう」というスローガンだったのです。

そう言われて、「嫌だ」と反対するドイツ人は、いません。

「この人だったら、本当に誇りを取り戻せるんじゃないか、やってくれるんじゃないか」と、その力強さに、スローガンに、プロパガンダに、皆、1票を入れたのです。

ヒトラーの原点は父親との関係

何の権力も持たなかったヒトラーはわずか15年で史上最悪の戦争犯罪を実行し、ヨーロッパ全土を手中にしたことで、史上類を見ない多くの犠牲者を出しました。

この史上最悪の出来事には、第一次世界大戦後の政治や経済の混乱、失業、貧困、飢えなどによる、ドイツ国民の深い失意、不足感、不幸感、苦しみ、悲しみなどのマイナスのエネルギーやアドルフ・ヒトラーとその側近たちの、不足感や不幸感に対する強い反発心、抑圧された人々の心の闇が集団化したマイナスのエネルギーに根深く関係しています。

ナチスドイツ＝第三帝国は、ヒトラーとその側近たちの左脳のエゴが集団化したエネルギーが生み出したのです。

エゴは、集団化するのです。そして集団化したエゴは悪魔のようなエネルギーを持つのです。

20世紀最大の独裁者アドルフ・ヒトラーは、いかにして生まれたのでしょうか？いかにして絶対的な権限を持つ存在になったのでしょうか？

決して偶然ではありません。

ヒトラーの原点は、幼少期からの両親との関係に起因しています。

幼少期は、「聖職者になりたい」と言って、熱心にキリスト教の教会に通っていた、信心深い子どもでした。しかし、聖職者になることを父アロイス・ヒトラー（1837〜1903年）が認めなかったのです。

ここに悪魔のような心を持つに至った原点があります。父親との関係がギクシャクし、摩擦が生まれ、悪魔のようなゆがんだ価値観が徐々に形成されて行ったのです。

父アロイスは、上昇志向が強く、彼の学歴では通常はつけない異例の高い地位である税関の上級事務官になったほどの努力家。息子も税関事務官にすることを望んでいたため、神父になることに反対したのでしょう。

後にヒトラーは、父親が自分を強引に税関事務所に連れて行ったときのことを、父親との対立を象徴する出来事として語っています。

ヒトラーの言によれば、父アロイスは、ヒトラーがギムナジウム（大学進学校）への進学を希望しても反対し、レアルシューレ（実科学校）へ強制的に行かせました。その結果、ヒトラーは授業をサボることで父親に抵抗を試みましたが、最後まで認めてもらえなかったそうです。

ヒトラーは、支持する政党を選ぶときも、父親が支持していた政党とは真逆の政党を選びました。父親への対抗心がヒトラーの政治的なイデオロギーの原点になっているのでしょう。

父親との関係がこじれ、それによってゆがんだ価値観がますます増大していきます。

一方、母親クララ・ヒトラー（1860～1907年）は、息子と父親との関係を心配し、ヒトラーの理解者であろうと務めます。しかしその結果、依存体質が増長し、成人してからも都合の悪いことはすべて他に責任転嫁するようになっていきました。

愛が欲しいのに愛情を注いでくれない。認めて欲しいのに認めてもらえない。認めてもらえないのは自分が悪いのではない。すべて周りが悪い。父親に対する恨みが、強烈なエネルギーとなって育って行く。

この恨みのエネルギーがどんどん増幅して、最後は自分が権力側に立ちたいとなったのです。そして類いまれな、人を惹きつける演説の力やカリスマ性があったので、一気に頂点まで駆け上がったのでしょう。

エネルギーの原点は、父親との関係です。父親に認められたいけど、認めてもらえない。愛に枯渇している心が、ゆがんだ価値観を生み、20世紀最悪の独裁者へと育って行くわけです。

まさに独裁者ヒトラーのエゴ=価値観、思考の原点はここに始まったのです。

これはめずらしいことではありません。だれにでも当てはまるエゴの形成シナリオです。だれの人生でも体験や起こったことに対する感じ方、受け取り方はそれぞれ個々人で異なります。しかし、エゴの形成は皆、普通に起こっていることです。

ただ、それだけではどこにでもいるようなエゴに支配されたひとりの人間にすぎません。このどこにでもいるエゴイストが、国家を動かすすべての権限を手にして、史上最悪の大虐殺を引き起こした中心人物になっていくのです。

エゴは集団化する

史上最悪の大虐殺には、決して偶然では片付けられないエゴの集団化という現象がありました。

1919年6月28日、第一世界大戦の戦勝国がパリに集まり、ドイツとヴェルサイユ条約の調印が行なわれました。そして同年8月、新たな民主主義国家が設立されました。

ワイマール共和国です。それまでの皇帝による独裁政権と国家運営に取って代わり誕生した民主主義国家です。

ワイマール共和国の成立でヨーロッパ全土に戦争終結の喜びが広がりました。しかしドイツにとっては、たいへん厳しく、悲惨な条約でした。戦勝国に対する莫大な賠償金の支払いが待っていたのです。

実に1320億金マルク（金4万7300トン）、当時のドイツの国家予算20年分に相当する金額です。現在の金の相場、1グラム5000円で計算すると、236兆5000億円に相当します。この賠償金をドイツの国民は長きにわたって支払うことを強いられたのです。

またドイツの基幹産業の多くが戦勝国に譲り渡され、植民地もすべて没収されました。さらに領土の13%が近隣の国に引き渡されました。

戦後、独立したポーランドやチェコスロバキアの領土となった地域に住んでいた700万人のドイツ人がドイツ国籍を失いました。

このヴェルサイユ条約によってドイツ国民に課せられた代償はドイツ国民の心に重くのし掛かる現実でした。

政治も経済も不安定極まりなく、貧困と飢えが蔓延していました。法と秩序さえ崩壊していました。

失意、貧困、飢え、不足感、不安感はドイツ国民全体に広がり、大きなマイナスのエネルギーとなっていったのです。つまり、このマイナスのエネルギーはドイツ国民1人ひとりのエゴの集団化したものでした。

そして、ドイツ国民のこのマイナスのエネルギーが集団化してしまったのは、第一次世界大戦の戦勝国がヴェルサイユ条約によってドイツに莫大な補償と規制を課したことも要因になっているという事実が存在します。

ナチスドイツという敗戦国は、戦勝国とは敵対している国家であるという分離のエネルギーが存在していました。自分と他が別の物であることが前提の国家のエゴは、新たな分離のエネルギー＝エゴしか生み出さないということを忘れてはなりません。

ディートリヒ・エッカートの影響

ドイツ国内では、知識階級は極左と極右に大きく分離していました。

国家主義者の多くはヴェルサイユ条約の扱いを受け入れることができず、頭の中では常に反撃のチャンスをうかがっていました。

右翼活動家であった作家ディートリヒ・エッカート（１８６８～１９２３年）は、この新しい国家をユダヤ人がはびこる弱体化した国であると主張していました。

エッカートは、過激な思想を持つ者の集団、極右結社のトゥーレ教会にも積極的に関与していました。

基本概念は、アーリア人は神話の土地アトランティスの出身であり、かつて文明を進化させた歴史を持つ超人民族である。このたいへん優秀なスーパーヒューマン＝アーリア人がやがてゲルマン民族へとつながったという概念です。

それゆえにゲルマン民族は他よりも優秀なのだと、それは最初から決まっていることなのだと主張していました。

また、根拠のない古くからの言い伝えを理論化し、基本概念としていました。

ドイツが弱体化し、貧困と混乱に陥っているのは、スーパーヒューマンであるアーリア人の弱体化が原因である。そしてアーリア人を弱体化させた原因はアーリア人以外の劣った人種との交配が原因であると主張していました。

さらにエッカート自身は、ドイツの敗北、失業、貧困、飢えなどの混乱は世界規模の陰謀だと主張していました。

エッカートが、定義していたドイツ民族が戦うべき敵とは、①ユダヤ人、②共産主義者、③ボルシェビキでした。

ユダヤ人はドイツの大切な文化を破壊し、わが物顔で国内に勢力を伸ばしてしまうと主張していましたが、本当に何の根拠もない思想でした。

しかし恐ろしいことに、この思想はこの時代のドイツにおいて、最も国民に浸透してしまったのです。ドイツ国民は、現実の貧困、飢え、失業、混乱を他の何者かに責任を転嫁しなければ、生きることが難しかったのです。

エッカートは、ドイツが過去の栄光と繁栄を取り戻すためには自分の思想を国民に広く知らしめる必要があると考えていました。そこで、エッカートは労働者階級に狙いをつけ、トゥーレ協会と手を組みます。

ドイツ労働党の出現

こうして誕生したのが、反ユダヤ主義を掲げるドイツ労働者党です。

1919年秋、このドイツ労働者党の会議にヒトラーは軍のスパイとして潜入していました。

ところが、ヒトラーはドイツ労働者党の掲げる反共産主義や反ユダヤ主義に逆に強い魅力を感じてしまったのです。演説にいたく共感したヒトラーは、あろうことか、今度は自ら演説をしはじめました。

ヒトラーが演説しはじめると、会場は一瞬で静寂に包まれたのです。

ヒトラーの演説は、見るもの聞くものを一瞬で魅了する天性の個性・才能でした。その話し方は荒削りだが、とてつもない熱量のエネルギーとクセのあるカリスマ性のあるものでした。

「この男こそ国を動かすリーダーになれる」と、エッカートはアドルフ・ヒトラーの中に眠る才能を一瞬で見抜きました。良家の出身でないこの男ならエリート階級以外にも受け入れられるはずだと考ました。

エッカートはヒトラーに近づき、「君は国を動かせるリーダーだ」と、「まさに救世主だ」と動機づけし、根気強く、ていねいに指導したのです。

その後エッカートとヒトラーの密接な関係は、しばらく続くことになります。2人の関係性はまさに教師と生徒でした。エッカードは上流階級との付き合い方マナーを徹底的に指導しました。

そして多くの資本家に「この男こそ、ドイツを再建するリーダーになる救世主だ」と、裕福な後援者たちに積極的に紹介して回ったのです。

徐々にヒトラー自身も自分に特別な神秘的な力があると考えるようになってきました。

集団化したエゴイストたち

このヒトラーの演説に魅了されたのは、エッカートだけではありませんでした。

当時まだ大学生だった、後にナチ党の副総統になるルドルフ・ヘス（１８９４〜１９８７年）もそのひとりでした。ヘスはヒトラーに心酔していきました。

第一次世界大戦で多くの武勲をあげたエルンスト・レーム大尉（１８８７〜１９３４年）は敗戦によって軍備を縮小され、解体された軍から秘密裏に義勇軍を組織し、軍備を備蓄せよとの命令を受けていました。

当然、ナチ党やヒトラーの台頭に強い関心を持って近づきました。

レームは当初ヒトラーは自分よりも格下だと考えていたのでヒトラーに仕えること

を嫌っていましたが、ヒトラーは、この時期ナチ党の扇動者だったので、武力を基盤に自分の目標を達成するための手段として協力したのです。レームもまた、資金を援助し、多くの右翼士官にヒトラーを紹介したのです。

同じ時期、古い神話や、生物学そして人種主義に傾倒していた、ハインリヒ・ヒムラー（1900〜1945年）もレームのもとで徐々に頭角を現し、やがてナチ党や、ヒトラーと出会いました。

ヒムラーは後にゲシュタポや親衛隊最高指導者としてナチスを統制した人物です。

また一方では第一次世界大戦の空軍のエース、ヘルマン・ゲーリング（1893〜1946年）はドイツ帝国の敗戦を受け入れた国家に失望し、自らが理想とするドイツを模索していました。そんな中、ゲーリングにとって自分の理想を実現するための手段として目の前に現れたのが、ナチ党であり、ヒトラーでした。

ナチ党の政権掌握と政権下のドイツの体制維持のために宣伝大臣を務めたプロパガンダの天才と言われたヨーゼフ・ゲッベルス（1897〜1945年）もヒトラーに心酔していきました。

アドルフ・ヒトラーから寵愛された若き建築家アルベルト・シュペーア（1905〜1981年）も自己実現を夢見て、ナチ党やヒトラーに仕えました。ヒトラーの側近たちを狡猾な情報操作によって出し抜き、ヒトラーの秘書のように、ヒトラーの信頼を得て、存在は目立たないがとてつもない権力を確立したマルティン・ボルマン（1900〜1945年）の存在もありました。

このようにして、ナチ党やヒトラーの周りにたくさんの異なる経験と個性・才能を持った者が集まってきたのです。

皆、それぞれに、たいへん優れた才能、経験、人脈などを持った者たちでした。ただし、ここに集まってきた者たちは皆、強烈な不足感や不安感、不信感を持っていました。心に闇を抱えた者たちでした。

深い不安感、不幸感、不足感などのマイナスのエネルギーから、強烈な反発心を持つ者たちのエゴは見る見るうちに集団化していったのです。

集団化したエゴはとてつもない権力を生み出し、それを守ろうとし、暴走していきます。どれほど、本来、正しい心、優しい心をもっていても、思考や判断をエゴに支配されると、自分の意思では止められないのです。

ゲッベルスは、ヒトラーの遺書により首相に任命されますが、6人の子どもを毒殺した後、ヒトラーの後を追い、妻とともに自殺しました。

エゴは分離のエネルギーですから、当然ヒトラーの周りでは日常的に騙し合いや、情報操作、密告、つぶし合いといった権力闘争が絶えなかったのです。

このように、エゴに支配された、非常に能力の高い才能を持った者たちが集まって、絶対的な権力を持ってしまいました。

20世紀最悪の出来事、ホロコーストも、人の心のエゴが集団化して生み出した、本当に悲惨な歴史です。

私たちは、この歴史から、真理を学ぶのです。繰り返してはなりません。

ヒトラーは悪人か、善人か

結局、ヒトラーはベルリンの総統地下壕の中で自殺をします。

その死の前日、ずっと内縁の妻だったエヴァ・ブラウン（1912〜1945年）と結婚式をあげ、秘書トラウドゥル・ユンゲ（1920〜2002年）に遺言を書き取らせました。

その遺言を、すべてタイプライターで打った秘書のユンゲが、戦後56年経った2001年、はじめてメディアで当時のことを語ったのです。

「当時のわたしは何も知りませんでした。無知だったのです」。最後にソビエト軍が攻め込んで来たその瞬間まで、ヒトラーやナチ党が何をやったのか、まったくわかっていなかったそうです。

ヒトラーのそばにいて、そんなことは微塵も感じなかったそうです。

そして、「わたしが今まで仕えた中では最も好感が持て、親切で優しい上司でした。まるで父のような人物だったのです」と語ったのです。

これを聞いて、あなたはどう思いますか？

「頭が良く、包容力があって、とてもやさしい、あたたかい心の持ち主で、父親のような存在に感じました。」という言葉を側近の人たちに言わせる魅力があったという

事実です。

つまりヒトラーには、すごくやさしい側面と、冷徹で悪魔のような側面の二面性があったのです。まるでジキル博士とハイド氏のように。

あなたの中にもヒトラーはいる

ヒトラーのゆがんだ価値観、これこそが「エゴ」という存在です。エゴのエネルギーというものは、過去の記憶と感情で出来上がっています。だれの中にもヒトラーとまったく同じエゴ、価値観は形成されています。

そう、あなたの中にもヒトラーとまったく同じエゴという価値観が存在するのです。

ヒトラーの二面性とあなたの二面性は、まったく同じものなのです。

「エゴ」は、人間関係や出来事に対して、「自分は自分、人は人」という考え方を中心概念においています。

常に自分を優先し、自分を守ろうとします。

自分が傷ついたり嫌な思いをしないように、自分以外の他人や環境、タイミング、状況に、すべて責任を転嫁します。

また、自分と自分の家族はとても大切にするのに対し、他人や他人の家族には、関心がありません。

「エゴ」は、他人を批判し、差別し、自分の価値観である色メガネ、モノサシ、基準、常識で、すべてを推し測ります。

すべてが自分の都合で、自分中心です。

その結果、自分と他人との分離を生み、他人の価値観とぶつかり、物事の結果を恨んだり、人を憎んだり、裁いたりするのです。

このような心の状態では、人生の結果がすばらしいものになるはずがありません。経営がうまく行くはずがありません。

経営者のエゴが会社を滅ぼす

経営者の中には、「税金をなるべく払いたくないから決算書を儲かっていないようにするのが当たり前だ」という間違った認識の方がいます。

本当に、経営者として正しい姿なのでしょうか。

あなたのエゴではありませんか？　その結果、何が起こるでしょうか。

中小・零細企業にとって、次の年に融資による資金調達ができるかどうかは、その決算書の出来栄え次第、その内容で決まります。策を講じて儲かっていないように見える決算書を作ったのはいいですが、翌年、不測の事態が起きた場合は、どうなるのでしょう。

小さな会社だと、経営者が病気をしたり、あるいはスノーボードに行って肋骨と左腕を折ってしまうと、それだけで会社の機能が止まってしまいます。

自分に非がなくても、たとえば急に大手企業が競合他社として自社のエリアに事業展開してくる。そのことによって急に売上げが減ってしまう。あるいは、都市開発によって駅の向こう側にパワーセンターができ、今までは駅のこちら側に人が流れて来ていたのに、一気に人の流れが変わり、こちら側の商店街はガラガラ。次々と店が閉まって行き、シャッター商店街となってしまう。

このような不測の事態が起きたとき、銀行や信用金庫に行って「お金を貸してください」とお願いしても、どうでしょう。

「決算書を持って来てください」と言われ、儲かっていないように作った決算書を提出するしかありません。

「これでは今、貸せませんね。この成績では無理です。もう一期、決算を待ってからにしましょう」と、融資を断られてしまうでしょう。

売上げがゼロになっても3年は潰れない中小企業は、あるでしょうか。

本当に不測の事態が起こったとき、銀行からお金を借りられなくなったとき、あなたは、なんとかして従業員にお給料を払い、あるいは家賃を払い、電気代を払い、今日も営業を続けようとするでしょう。取引先などの周りに、今のマズい状況を悟られないようにカモフラージュするのがやっとかもしれません。

夜、寝つきが悪い。だからお酒を飲んだり、睡眠導入剤を飲んだり、いろいろとやってはみるものの、なかなか寝られない。やっと寝たかと思ったら、1時間で目が覚める。全身ビッショリ汗をかいて、ガバっと起きて、「ウァ〜、手形が落ちなかったぁ！」「あ〜、夢かぁ」「よく考えたら、うちは手形なんて扱ってなかった」と。

人によっては、自分が大けがをして働けない夢。朝、行ったら会社がなくなっている夢。悪夢がつきまとうのです。

多くの経営者が、このような夢をたくさん見ていることでしょう。

しかし、経営者だったら当たり前のことなのでしょうか？　エゴのない経営者だったら、どうでしょうか？

「いやぁ、うちは常に忙しくて、おかげさまで資金繰りも苦労なく、人にも恵まれて、商品にも恵まれて、営業の構造にも恵まれて、言うことないんです」
「おまけに家族も本当に幸せそのもので、奥さんとも仲がよく、子どもはすくすく素直に育ってるし」

このような、本当に絵に描いたような幸せを満喫している経営者、それを長くやっている経営者は何人いるでしょうか。

皆、どこかで折り合いをつけ、「人生は戦いだ」「経営は戦いだ」「苦しくて当たり前だ」と、この試練を耐えてこそ、きっと、いや、必ず、この苦しみの先には幸せが待っているんじゃないかというかすかな望みを抱いて、今日もがんばっている。

経営者の心の中はエゴいっぱいで、いつも気が気じゃないのです。

あなたの中のヒトラーを探せ

自分の中のエゴを見抜く

あなたの経営する飲食店に、ある日、とても感じの悪いお客さまがいらっしゃいました。

「早くしてよ！　いつまで待たせるの！」

こう言われ、舌打ちまでされます。

それでも相手はお客さまです。にこやかに、丁寧な口調で応対し、最後は「ありがとうございました」とお見送りします。

しかし、心の中では「二度とくるな！」「アイツは何様だ！」と思っています。

言っていることと、心の奥底で思っていることが真逆なのです。まるで二重人格のようではありませんか？

なぜ、このような現象が起こるのか、考えたことがありますか？

どうすれば、思考、感情、言動、行動をヒトラーのようなエゴに支配されずに済むのでしょうか。

事業や人生を常に、本当に慈愛と慈悲の心の状態で営むことができるのでしょうか。そして、経営理念やミッションに恥じない思考、判断、言動、行動ができる、そんな、すばらしい経営者になれるのでしょうか。

そのためには、あなたがどうしても避けては通れない「大きな壁」があります。その「大きな壁」とは、まず、自分の中に間違いなくヒトラーと同じ醜いエゴの自分がいることを認めることです。エゴは、ヒトラーも自分も同じです。

ヒトラーは、ものすごいリーダーシップと実行力がありました。人の心を掌握し、影響力を行使する。ある意味、天才かもしれません。

しかし、心の状態がエゴに支配されて、本当にやってはいけないことをやってしまいました。歴史上、類を見ないほどひどいことをやったのです。

もし、あなたがヒトラーの時代に、ヒトラーと同じだけの個性と才能を授かっていて、同じだけの権力があったら、ヒトラーと同様に、ひどいをやっていたかもしれません。

エゴはそれほど自己中心で、人間に最悪の思考、判断、言動、行動をさせるのです。だからこそ、自分の中のエゴを見抜き、そのエゴに人生や経営を支配されないように生きることの選択をするのです。なぜなら、エゴに支配されていることに気がついていない人は、皆、ヒトラーのようになってしまうからです。

エゴの正体を知る

では、そもそもエゴとはどういうものか、その正体を**リスト1**にまとめてみました。

リスト1｜エゴの正体

1 エゴには実体がなく、過去の記憶、いわゆる自分にとっての真実の記憶でできている。その空虚さゆえに、エゴは常に不安と心配という感情を伴い続ける。

2 エゴは過去の記憶、いわゆる自分にとっての真実の記憶で形成され、自分の思考を主食として存在を維持し、感情をスイーツとして、肥え太る。

3 思考と感情は、左脳の顕在意識と潜在意識にインプットされて貯蔵されている情報、いわゆる自分にとっての真実の記憶によって、次から次に現れる。

4 エゴはインプットされた情報、いわゆる自分にとっての真実の記憶と思考、感情によって個体ごとの独自の価値観を形成する。そして、その価値観こそが自分であると、必死に同一化を図り、自己認識を歪める。

5 エゴは実体のない「空虚さ」を埋めようと、常に思考を生み出し、感情を生み続け、完全に同一化させ、支配するために必死だ。

6 エゴは「実体のない」ニセモノだと見抜かれることを何よりも恐れている。
それゆえに、必死に思考と感情を生み出し、カモフラージュして、「真理に目覚める」ことを阻止する。

エゴは過去の記憶に基づき、いろいろなことを思考し、感情が湧いてくることで、形成されていきます。

お客さまや従業員と接する度に、テレビのコマーシャルやインターネットのニュースを見る度に、思考と感情は次から次へと湧いてきます。あの時は苦しかったとか楽しかったとか、好きだとか嫌いだとか。思考と感情が湧く度に、エゴはスイーツを食べ続けたように肥え太っていきます。

しかし、エゴは実体がありません。したがって、何も考えなくなると維持できなくなります。過去にあんなことがあった、こんなことがあったと、その時の感情を、何度も何度もリフレインさせ、存在を維持させようとします。だからエゴはずっと恨み続けるのです。そうしないと、維持できないからです。

さらにエゴは、自分というものを確立しようとします。固めようとします。価値観こそ自分だと言い張って、自己主張します。

しかし、この価値観は人それぞれ違います。

たとえば、あなたはサングラスをかけているとしましょう。真っ黒なサングラスです。でも、あなたの隣にいる人は茶色のサングラスです。真っ白いものを見ても、わたしは少し黒く見えます。でも、隣の人には少し茶色に見えるのです。

ブルーのサングラスだと、何色に見えるでしょう？　黄色のサングラスだったら？　皆、過去の記憶に基づき、それぞれ違った色のサングラス（色メガネ）をかけています。自分の価値観という色メガネです。これをエゴグラスと言います。

一人ひとり、価値基準、価値観（エゴグラス）は違うのです。

このエゴグラスとエゴグラスが衝突したら、分離、反発しか起きません。だから、組織が作れないのです。夫婦は仲良くならないのです。国同士が戦争をするのです。

離婚した芸能人の記者会見を見てください。

「離婚の原因は何ですか？」

「価値観の不一致です」

価値観って、エゴのことですけど。価値観というものをわかってないから、さも何か、すばらしい定義のように言ってるわけです。

価値観とは、エゴの成れの果てです。

「エゴが不一致です」

エゴは自分が最優先だし、分離のエネルギーしか生みませんから、一致するわけありません。

価値観対価値観、夫の考え方と妻の考え方がぶつかると、離婚します。

経営者と従業員だったら、分離し、辞めてしまいます。

スタッフ同士だったら、喧嘩になります。派閥ができます。争いが起こります。

国と国だったら、価値観、主義・主張、ポリシーがぶつかり、戦争が起こるのです。

自分の中のエゴを認識するチェックリスト

エゴの正体を理解したところで、**リスト2**「あなたの中に潜む究極のエゴイスト＝ヒトラー探し」をチェックして、自分の中のヒトラーを探してみてください。

ただし、いつもの自分の目線や基準で見ないようにしてください。神様が見ていたら、たぶん、こうチェックするだろうという気持ちでやってください。

なぜなら、エゴは都合の悪いことをなかったことにするからです。

「仕方がないよね、だから当てはまらないことにしとこう」とやったら、問題なんか発見できません。

この、自分の中のヒトラーを探して、認識し、見抜くことが、慈愛と慈悲の最高経営学の基礎なのですから。

エゴを見抜けない人は、テクニックで売上げを上げて、テクニックで経費を削って、何とか維持していくしかないのです。

自己防衛して守らないようにしてください。自分に、本当に、どういうエゴの要素があるか、この際、徹底的に見抜いてください。

16 エゴは自己主張する □

17 エゴは説明好き □

18 エゴは理屈で防御しようと必死になる □

19 エゴは恨み続ける □

20 エゴは自分と他を分離してしか考えない □

21 エゴは分離から始まり、分離に終わる □

22 エゴは悲しむ、寂しがる □

23 エゴは比較する □

24 エゴは常に批判する □

25 エゴは裁く □

26 エゴは常に優越感を求める □

27 エゴは達成感を求める □

28 エゴは他人の目や評価を気にする □

29 エゴは志や目標を持つ □

30 エゴは目標に向かって努力していることに価値を見出す □

リスト2｜あなたの中に潜む究極のエゴイスト＝ヒトラー探し
（エゴに支配されている人の特徴、兆候）

		あてはまる
1	エゴは自分は正しく、他が間違っていると考える	□
2	エゴは自分を何としても正当化する	□
3	エゴは反省するが問題の本質が自分にあることは決して認めない	□
4	エゴは身体を大切にしない	□
5	エゴは健康管理をしない	□
6	エゴは病気だ、具合が悪い、調子が悪いと心配し、落ち込む	□
7	エゴは暴飲暴食をする	□
8	エゴは時間を大切にしない	□
9	エゴは自分がとにかく第一優先	□
10	エゴはせわしなく、落ち着きがない エゴは忙しさを好む	□
11	エゴは大切だと判断した人、モノ、コトに徹底して執着する	□
12	エゴは際限なく欲しがる、埋めようとする	□
13	エゴは何かを成し遂げようとする	□
14	エゴは怒る	□
15	エゴは言い訳をする	□

	あてはまる
47 エゴは人脈をつくらなければ不安になる	□
48 エゴは暴走する	□
49 エゴは権力を好む	□
50 エゴは有名になりたい	□
51 エゴは功績を残したい	□
52 エゴはヒエラルキーを形成する	□
53 エゴは敵をつくり、争い、戦う	□
54 エゴは責任を転嫁する	□
55 エゴは他に依存する	□
56 エゴは欠点やマイナスを探し、分析し、追及する	□
57 エゴは自分を分かって欲しい、認めてほしい	□
58 エゴは自分のことを知らない	□
59 エゴは同じパターンを繰り返す	□
60 エゴは死を最悪の事態だと考え、恐れる	□
61 エゴは平和、平等より自分の正しさ、正義を優先させる	□

		あてはまる
31	エゴは信念を持つ	□
32	エゴは頑固である	□
33	エゴは独自の世界観＝基準が正しいと信じ、こだわりやポリシーを強く持つ　また、そのことが良いことだと思っている	□
34	エゴは自分の世界に閉じこもり、誰も立ち入らせない	□
35	エゴは好き嫌いをつくり、動機の原点とする	□
36	エゴは誰も信じない（宿主のことも）	□
37	エゴは損得を常に考える	□
38	エゴはブランドが大好き	□
39	エゴは納得しないと気が済まない	□
40	エゴはお金がなければ苦しむ	□
41	エゴは安心を築こう、得ようとする	□
42	エゴは過去と未来を妄想する（エゴは今、ここには存在出来ない）	□
43	エゴは何かを失うことを嫌い、恐れる	□
44	エゴは他人に興味、関心を持たない（宿主のことも）	□
45	エゴは他を支配する	□
46	エゴは仲間を増やし、集団化する	□

第2章

経営がうまくいかない唯一の理由「エゴ」

経営の目的は、関わるすべての人が「幸せになること」

「何のために経営しているのですか？」

この問いに多くの経営者たちは、教科書の文章を読むように、「企業経営の主たる目的は、利益を追求することです」と答えます。

はたして、それで正しいのでしょうか。

今まで多くの会社を見てきましたが、利益をあげること自体が経営の目的と化した会社の平均寿命は短命です。

あなたは、自分のことしか考えていないような人とお付き合いしたいでしょうか。いつも自分のことしか考えていない、つまり自社の利益のことしか考えていない会社が、お客さまから嫌がられるのは当たり前です。

自社の利益を一番に考えている会社が繁栄しないことは、明らかなのです。

利益は結果であり、手段

経営の神様と謳われたピーター・ドラッカー教授（1909~2005年）は、『現代の経営』（ダイヤモンド社刊）のなかで、このように記しています。

「事業体とは何かと問われると、たいていの企業人は利益を得るための組織と答える。たいていの経済学者も同じように答える。しかし、この答えは間違いであるだけではない。的はずれである」

もちろん、ドラッカー教授は、「利益はいらない」と言っているわけではありません。
「利益が重要でないということではない。利益は、企業や事業の目的ではなく、条件なのである。また利益は、事業における意思決定の理由や原因や根拠ではなく、妥当性の尺度なのである」

わかりやすく解説しましょう。「利益のために会社があるのではない。『社会的な役割を果たす』ために会社がある。しかし、利益が出なければ企業活動を継続できない。したがって、利益は『継続して社会の役に立つため』の条件である」と言っているのです。

利益は結果であり、あくまでも手段だと言っているのです。

物心両面で豊かに

では、経営の目的は何か。

京セラの創業者、稲盛和夫氏（1932年〜）のホームページ（オフィシャルサイト）には、このように記されてあります。

「会社経営とは、将来にわたって社員やその家族の生活を守り、皆の幸福を目指していくことでなければならないということに気づいたのです。その上で、会社が長期的に発展していくためには、社会の発展に貢献するという、社会の一員としての責任も果たす必要があると考えました。

これ以降、京セラは経営理念を『全従業員の物心両面の幸福を追求すると同時に、人類、社会の進歩発展に貢献すること』と定めたのです」

その事業に関わるすべての人が、その活動を通じて物心両面で豊かになり、心の底から幸せになること。これ以外に会社経営、事業を営む目的は存在しないということです。

あなたはこれまで、事業に関わるすべての人を、自分の奥さんや子ども、母親や父親と同じように愛し、物心両面で豊かになるように事業を展開していましたか？

わたしは長きにわたってたくさんの会社を見てきましたが、今までそのような経営者にお会いしたことがありません。

もちろん、言葉では「全従業員の物心両面を豊かにする」ことを発する経営者はたくさんいます。経営理念や社是や会社のスローガンとして文字化している経営者もいます。それを毎朝、朝礼のときに唱和したり、終礼で読み上げたりする経営者もたくさんいます。だけど、実際にそれが実践されているか、エネルギーとしてそういう感じになっているかというのは、別物です。

だれでも知っているのです。「あー、そうだよね」「大事だよね」「そうか、やっぱりいいこと言うなぁ」「そうか、そういうふうにやらなければ会社経営ってうまく行かないのか」

知識では、だれもが勉強して、理解しているのです。

知っているのに、学んでいるのに、なぜ、経営難に陥ったり、破綻させたり、倒産や廃業という結果を産んでしまうのでしょう。

経営の中心は、「経営者の心の状態」

図表1は、会社経営を円グラフで表したものです。

真ん中に「経営者の心の状態」があり、それが経営理念やフィロソフィ、ミッション、行動指針、ビジネスモデル、戦略、組織、サービスへと外に広がり、そのすべてに影響していきます。

経営者の心が、不安と心配で凝り固まっているのか。あるいは、深い慈愛と慈悲でいっぱいなのか。魂が入っているのか、入っていないのか。それが、従業員との関係から顧客との関係に至るまで、経営のすべてに影響していきます。

もちろん経営には、いろいろな問題が起こります。

財務的に資金繰りが苦しくなる。資金調達ができない。税金が高い。人事の問題。

図1｜経営の体型フローチャート

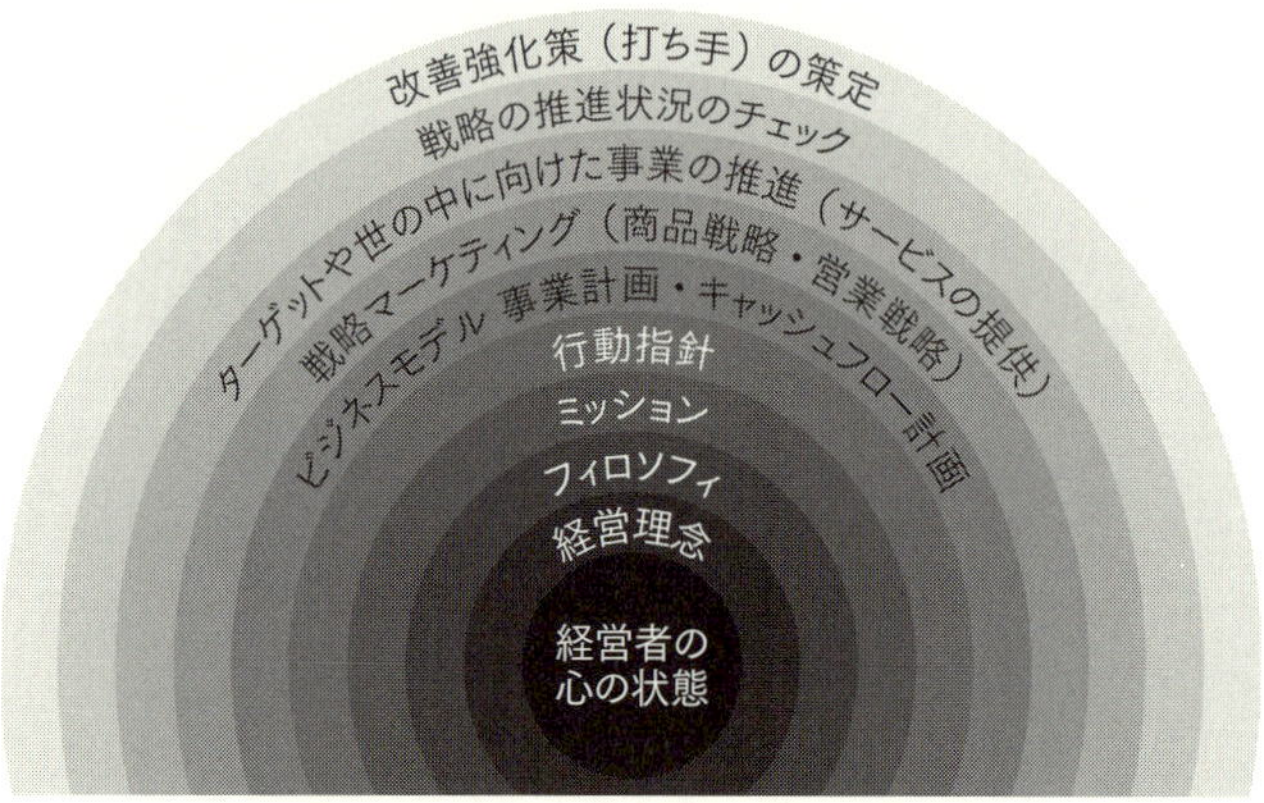

商品（製品やサービス）の問題。営業がうまくいかない。広告がうまくいかない。人が採れない。教育できない。ブランディングが難しい。戦略的なマーケティングが難しい。

さまざまな問題が起こります。しかし、この経営のあらゆる問題、すべてのトラブルが、実はたったひとつの原因によって引き起こされているとしたら、どう思いますか？

現象はさまざまです。会社の規模や業種によって、いろいろな症状として現れるのです。

人間の身体でいうと、「頭が痛い」「腕が

痛い」「胃が痛い」「肩がこる」「心筋梗塞」「脳梗塞」「ガン」……。

症状はさまざま。しかし、実はたったひとつの根本的な原因が、すべての症状を引き起こしているとしたら、あなたは、どう思いますか？

われわれが30年間、企業の経営を改革するために、財務や戦略のコンサルタントという仕事を通じて、ベンチャーの立ち上げから再建を何百件もやってきた結果、たどり着いたのは、たったひとつの真理、法則でした。

経営の結果をもたらす法則（1）

人生や事業、経営の結果には「法則」があります。

何かを拝んでも、問題、課題は解決しません。

「心の状態」に「モチベーション」、やる気、動機を掛けて、さらに「個性・才能」を掛け合わせると人生や事業、経営の結果になるのです（**図表2**）。


「心の状態」


「心の状態」とは、人としての考え方、言動・行動の原点となるもので、マイナス100点からプラス100点まであります。

経営の中心は「経営者の心の状態」でした。

図2｜経営の結果をもたらす法則❶

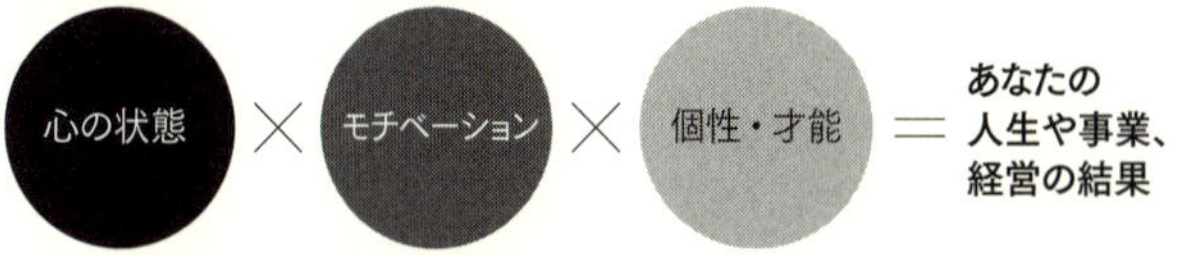

「今に見てろよ」「絶対に金持ちになってやる」「見返してやる」ハングリー精神や世の中に対する恨みのエネルギー、怒りのエネルギーで会社を起業する経営者もいます。

一方、真逆の経営者もいます。

「人を幸せにしたい」「恩返しをしたい」「皆に喜んで欲しい」「世の中のお役に立ちたい」

このように、「心の状態」は、マイナス１００点からプラス１００点まであります。

つまり、「自分さえ良ければいい」と自分勝手に振る舞ったり、人の悪口を言ったり、人のありがたみがわからなかったり、愛も感謝もない生き方をしていると、人生や経営の結果は大きなマイナスになります。

すばらしい心の状態を持つか持たないかで、人生や経営の結果は大きく変わってくるのです。

「モチベーション」

「モチベーション」は、物事を行なうための、動機、やる気の元になるもので、これもマイナス100点からプラス100点まであります。

「責任を持ってこれをやってくれ」と依頼しても、「いや、責任を持ちたくない」「やったらいくらくれるんですか?」と、評価されなければやりたくない、無理はしたくないという、非協力的、消極的な関わり方をするモチベーション。まわりの人にまで悪影響を及ぼすようなマイナスのモチベーション。

従業員の気持ちを考えると、「なんで経営者を幸せにするために、オレが犠牲にならなくてはいけないのか」と思っているからモチベーションが低いというのも致し方ない現実かもしれません。

一方、何かあったときに必ず自分が前に出る人がいます。

「オレがやります」「わたしがやります」「オレが、オレが」「わたしが、わたしが」という目立ちたがる人。

一見、違ったタイプに見えますが、両者の共通項は「主語が自分」です。全部ベクトルが自分に向いているのです。自分にとってのメリットだけしか考えていない「わたしのために」のモチベーションです。

また、自己実現欲が強い人もいます。

「いつか自分の夢を叶えたい」「見返してやりたい」「絶対に諦めたくない」「自分の好きなことをやりたい」「こうなりたい」「アレも手に入れたい」

非常にエネルギーとしては高いといえます。

「自己実現の夢があります」と言う経営者が多くいます。さもいいことを言っているように聞こえますが、彼らは利己主義の人たちだと言えるでしょう。

では、プラス100点のモチベーションとは、どのようなものでしょうか。

関わるすべての人と世の中を豊かにしたい、幸せにしたい、お役に立ちたい、愛を伝えたい、表現していきたいという、「すべてに慈愛と慈悲の心」のモチベーションです。

ここには、自分という主語はなく、自分という個体的な意識がありません。

自分も、いま来てくれているお客さまも、まだ来ていないお客さまも、すでにご縁がなくなったお客さまも、お客さまでない方も、クレームを言うお客さまも、正社員も、パートも、アルバイトも、取引業者も、すべてに対して平等に愛せる心です。

これは劣っている、これは良いもの、これは悪いものと、自己都合で決めるのは、この「価値観」＝「エゴ」です。

自分のためにやっているのか？　儲からなければやらないのか？

それとも、自分も他人も、お客さまもお客さまでない方も、ライバル会社もライバル店も、すべてが同等価値として捉えるのか？　人の世の中を喜ばせたい、お役に立ちたいという深い慈愛と慈悲の心で何事も取り組むのか？

両者の結果は、まったく異なるものになるのです。

「個性・才能」

「個性・才能」とは、先祖や両親からのＤＮＡによって、わたしたち一人ひとりが授かった天からのプレゼント、先天的な能力です。

ものすごく集中力がある人とか、継続力がある人、問題を発見するのがうまい人、背が高いとか低いとか、目が青いとか髪の毛が金髪だとか、あるいは黒髪だとか、すべて、遺伝子情報によって決まるわけです。

生まれたときに授かったものですから、自分では変えられません。

この「個性・才能」は、どんな人でも１００点満点です。

あなたは自分の都合で、「この人は使える、この人は使えない」と、線引きしていませんか？

多くの人が天から授かった個性・才能を、自分はもちろん、まわりもわからずに一生を終えているのです。

本当はチワワとして生まれたのに、まわりからは「オオカミだ」と言われ続け、チワワでいれば幸せなのに、オオカミのように振る舞い、苦労しているのです。
「個性・才能」は皆１００点満点なのだから、適材適所として活かされる場（ステージ）を見つけてあげるのが経営者としての役割でもあるのです。

多くの企業では、営業職がほしいとか、技術職がほしいなど、その職種に合う人を採用し、教育しようとします。それは１００％間違っています。

こちらの都合で個性・才能を見極めず、同じ一律のカリキュラムで、同じことができなければダメだと評価するのは間違っているのです。

皆、得手、不得手があります。優れた経営者の仕事は、一人ひとりの個性・才能を見出せるかどうかにかかっているのです。

これら「心の状態」に「モチベーション」と「個性・才能」が掛け合わさると、人生や事業、経営の結果が決まります。

経営の結果をもたらす法則（2）

外部の刺激からインスピレーション（感情）が生まれる

もうひとつの法則があります（図表3）。

心の状態からは、外部からの刺激によって一瞬ごとにインスピレーションが生まれます。

人の話を聞く、テレビ番組を見る、歌を聴く、本を読む、新聞を読む、ニュースを見る、あるいは、インターネット・ニュースで今日の動きをチェックする、だれかの話を聞く、すれ違う、コンビニに行って店員さんとお金のやり取りをする、地下鉄やバスに乗ると隣にだれかが座る、前の席にだれかが見える、目に入る、いろいろな話

図3｜経営の結果をもたらす法則❷

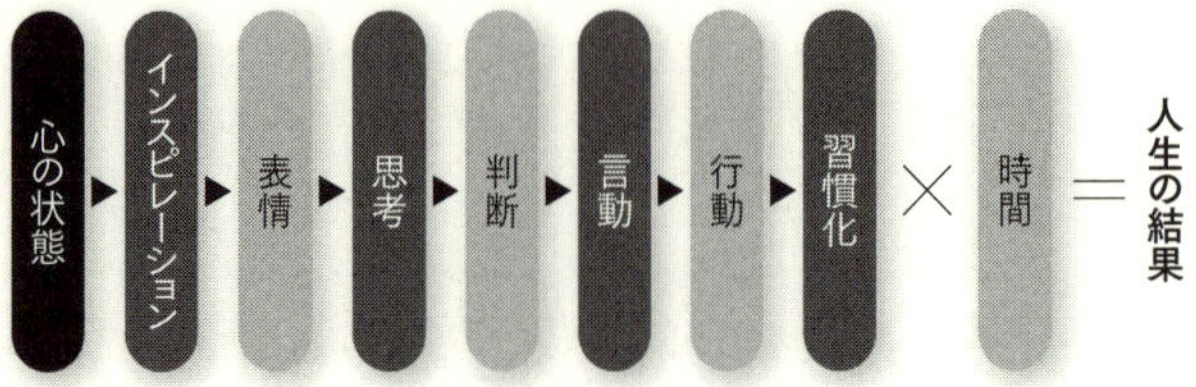

が耳から入ってくる……。

このような、外部からの刺激があります。

外部からの刺激を受ける度に、「この前の日曜日、こんなことがあったなぁ」「あれ、うまかったなぁ」と、過去の記憶を呼び戻し、「あー、また行きたいなぁ」と、未来の想像をする。

わたしたちの心は外部からの何かの刺激があると、必ず、その瞬間ごとにインスピレーションが湧いてきます。インスピレーションは、「感情」といってもいいでしょう。

本書を読んでいるみなさんの中にも、「嫌な文章だな」と思う人、なんかムカつくという人もいるでしょう。

あるいは逆に、「あっ、なるほどね」と、共感してくださる人がいるかもしれません。

それは、刺激に対して何かのインスピレーションが勝手に心から湧くからです。

何か重くなるとか、嫌だとか、ウキウキするとか、楽しくなるとか、ソワソワするとか、触れられたくないところに触れられて、心がざわつく感じがするとか、イライラするとか、言葉ではなく、感情が湧きます。

感情から表情が生まれる

そして、この感情によって、表情が生まれます。

本書を読みながら、「退屈」という表情が出ているかもしれません。あるいは「その通りだ」という表情。「なんかドキッとする」という表情。「うちは大丈夫だ」という安堵の表情かもしれません。

表情の次に思考が始まる

次に、一拍おいて思考が始まります。

「いやいや、お金を出してこの本を買ったんだから、こんなことを思っている場合じゃない。ちゃんと最後まで読まなきゃ、損する」という思考だったり、「その通りだなぁ。そういえば、過去にこんなことがあったなぁ」という、自分の過去のことを思い出したり……。

いろいろな思考が始まります。

つまり、思考というのは自分の世界観が広がっていくことです。本を読みながら、あなたは今、自分の世界の物語を自分の頭の中で回想したり想像しながら読んでいるはずです。

「そういえば」とか、「うちもそうだ」とか、「過去が」「うちには関係ないな」「へェ〜」「退屈だなぁ」。

この思考は、自分の世界なのです。

本を読みながら、自分の脳の中の内なる声をずっと聞いているのです。

判断、言動、行動が決定される

思考の次に、判断、言動、行動が決定されます。

「あ、いらっしゃいませ。○時のご予約の○○様でございますね、お待ちしておりました。こちらへどうぞ」

あなたが美容室のオーナーだとしましょう。スタッフは訓練通りに、そつのない対応をします。

「お持ち物をお預かりします。今日は外、寒かったですね」

普通にそつなくやる。失礼のないように。

でも、心の中は、決してそうではない。一致していません。

（6時半に予約してるのに、なんでこの人26分も遅刻するの！　わたしはこの後、友だちと食事に行く約束があるんだけど！　どうしてくれるの！）と思いながら、顔が引きつっています。

「あ、いらっしゃいませ」

（あ〜ぁ、来たんだ）

あるいは、（わっ、やばい。○○さん来ちゃった。あの人、クレーマーだ）

「いらっしゃいませ」

（だれか代わってくれないかな～。だれもいない。しょうがない）

「こちらへどうぞ」。

作り笑いが引きつってます。

つまり、わたしたちは、そのシチュエーションごとに、たくさんの仮面をつけ替えて生きているのです。

（社長から怒られちゃうから、失礼があってはならない）

（後からクレームになるかもしれないから、今日はとりあえず、この瞬間はこの仮面）

その都度、何回も仮面を変えます。

でも、お客さまは敏感に察知します。その人の一瞬の目の動きとか、こわばった表情で、「この人、本当はわたしのこと、好きじゃないわね」と、わかるものです。

（たしかに25分も遅刻したけど、取引先とのトラブルを解消してたらこんな時間になってしまって。でも明日、結婚式に出席するから、どうしても今日は来ないとダメだったし。迷惑かけるのはわかってたけど、申し訳ない気持ちで来たんだけど、なんかムカついた顔されたから、もう『ごめんね』と言う気持ちもなくなっちゃったわ）

こうやってお客さまを失っているのです。

何度も通ってきてくれる「リピート顧客」、クチコミでお店の評判を広げてくれる「ロイヤル顧客」を増やすなど、ほど遠い道のりです。

大好きな人を思い出してください。いつでも会いたいし、会うと「ワ〜！」と抱きつきたくなるような人、あなたにもいるはずです。

次に、まぁまぁ好きな人。抱きつくほどじゃないけど、近くに居てくれると安心するような人。

3番目に、好きでも嫌いでもない、普通。居ても別にいいけど、という人。

4番目に、あまり好きじゃない、どちらかというと苦手で、できれば避けたい人。

最後は、大っ嫌いな人。

さて、経営にプラスになるすばらしいクチコミを、どんどん広げてくれる広告塔のようなお客さまは、5段階の中でどの人でしょうか。

自分が大好きな人は、以心伝心、向こうも大好きです。

自分が、「苦手、嫌い」という人は、向こうも同じように思っています。エネルギーでわかります。なぜか波長が合わないのです。

（本当は嫌なんだけど）あるいは（会いたくないんだけど）「お待ちしてました！」と言って、「お客さまは神様です」という仮面をかぶっていませんか？

もし、大好きなお客さまが次から次へと来店してきたら、会うたびに「待ってたんですよ！」「よく来てくれました！」と、抱きつきたくなるんじゃないでしょうか？

お客さまも「そう？　わたしをそんなに待ってたの？　もう、本当に、かわいいわねぇ」と、幸せな顔になるのではないでしょうか？

一連の流れが、習慣化してしまう

そして恐ろしいことに、心の状態から湧き上がるインスピレーション、表情、思考、判断、言動、行動、そしてニセモノの仮面の演技は、習慣化するのです。

さらに、この習慣化した仮面の演技に時間が掛け合わさると、人生の結果になるのです。

「なぜ指名客がつかないのだろう」「なぜ取引先はリピートしてくれないのだろう」と言う人がいます。

「いやいや、あなたはお客さま全員のことを、本当に涙が出るくらい大好きじゃないでしょ」

自分の中で、大好きなお客さまと会いたくないお客さまとに分けているのに、なぜお客さまがリピートしてくれると、あなたのファンになってくれると思えるのでしょうか？

ありえません。

あなたの心の状態が、どのお客さまも「本当に、好きで好きでしょうがない。幸せになっていただきたい、喜んでいただきたい、お役に立たせていただきたい」とならないと、一瞬ごとに湧き上がるインスピレーション＝感情は、絶対に変わりません。

「大好きだと思わなければならない」ではありません。「思わなければ」という思考は、本当は「大好きと思っていない」という証拠で、一瞬で出て来る感情は変わらないわけですから。

この法則の最大のポイントは、あなたの人生の結果をつくり出しているものは、あなたの「心の状態」から始まっているということです。

だれでもわかる方程式です。それなのに、自分ではコントロールができないのです。

プラス100とマイナス100の心の状態

心の状態は、常に一定ではなく、1日の中でも、1時間の中でも、1分間の間でも、外部の刺激によって揺れ動いています（図表4）。

人と出会ったり、表情を見たり、言葉を聞いたり、行動に触れたり、人の考え方を通じて感じたり、あるいは、何か自分の周りに起こったり、情報が入ってきたりして、その都度、心の状態は上がったり下がったりします。

ものすごく慈愛と慈悲のエネルギーの状態である「プラス100の心の状態」で、皆に喜んでほしい、幸せになってほしいという「モチベーション」に「個性・才能」が掛け合わされると、仕事も順調で不安、心配もなく、人間関係も順調、経済的にも困らず、プライベートも充実し、パートナーや子どもとの関係もすばらしく、良いこ

図4｜揺れ動く心の状態

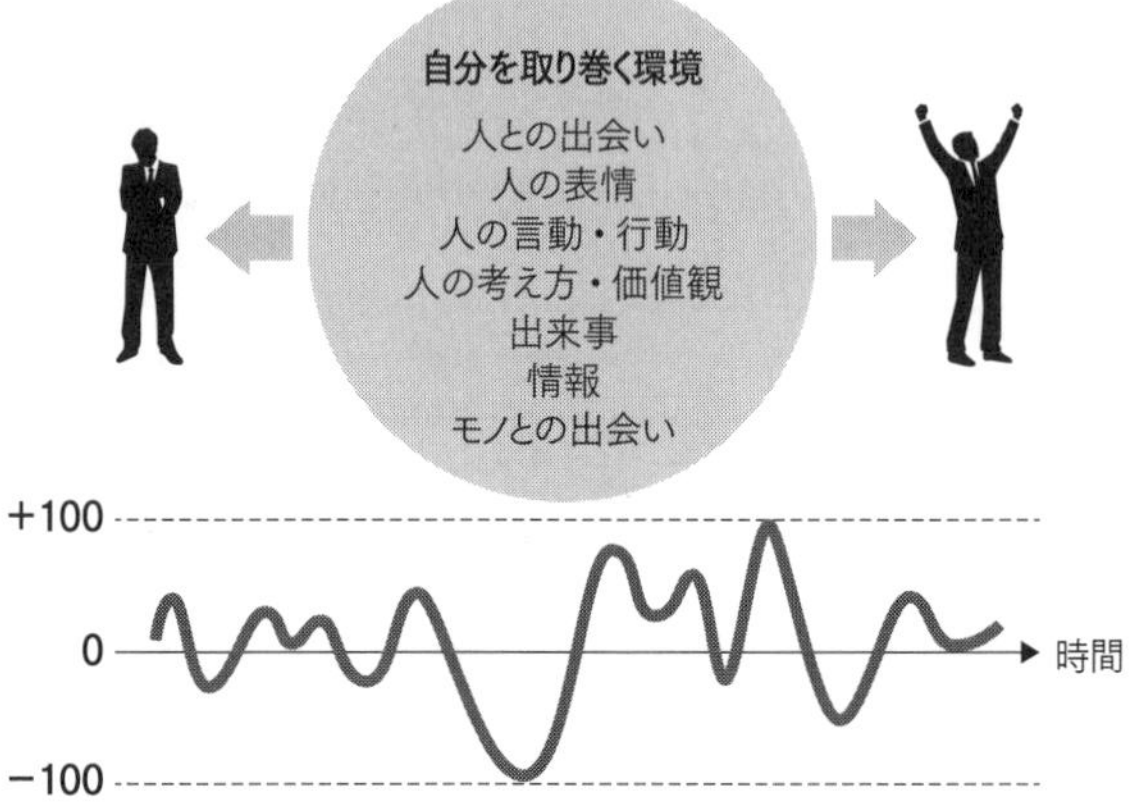

とばかりが起こるようになります。

一方、「マイナス100の心の状態」では、真反対のことが起こります。

何をやってもうまくいかず、経済的にも困り、プライベートもトラブルばかり、人間関係も最悪で、健康状態も良くない、毎日が重く辛い、将来も不安ばかり。

「個性・才能」は100点満点なのに、マイナスの心の状態では、「モチベーション」も自分のことしか考えない状態になるのです。

もし、今、経営の結果で何か問題になる現象や受け入れたくない現象が起きているとすれば、モチベーションのあり方か心の状態が、「エゴ」に支配されているはずです。

答えはそこにしかありません。ものすごくシンプルなのです。

マイナス100の心の状態の近いところで停滞していると、「鬱」になります。そして、それが長期化すると「絶望」するのです。

絶望した人は、最後、自ら命を絶ってしまいます。

あなたは心の状態を1週間、1カ月、1年で測った場合、どのような動きをしていますか？

アベレージをつけるとしたら、どの辺りでしょうか。

当然、経営者、あるいはお客さまから本当に愛される会社、そこで働くスタッフの心の状態は、「プラス100の心の状態」でなければダメでしょう。

このプラス100に近いところで、なるべく平均的にいられる人や組織、チーム、会社でなければ、いずれ崩壊することになるのです。

● いつも何かに怒ってる人
● 何か頼んだら、「あぁ、はい」と、ふてくされて嫌そうに仕事をする人
● 目も見ないで、心ここに在らずの返事をする人

このような人が組織の中に何人もいたら、その会社は絶対といっていいほど崩壊します。

預言者でなくても、パッと会社に入って雰囲気を1時間ほど見ると、だれにだってわかります。

第3章

エゴが形成されるメカニズムを知る

脳科学でみる、あなたの中の異なる人格

アメリカの神経解剖学者、ジル・ボルト・テイラー博士（１９５９年～）は、自身が37歳のときに脳卒中で倒れた体験をもとに、２００８年2月27日、「右脳の世界」を紹介するスピーチをＴＥＤで行ないました。このスピーチは、全世界で最も注目されるＴＥＤトーク・トップ５に選ばれ続けており、その再生回数も、毎年トップ10のひとつとなっています。

◆右脳と左脳は別人格

2つの脳半球は完全に分かれていて、別々に情報を処理しています。そのため、それぞれの脳半球は考えることが違い、別なことに関心を持ち、あえて言うなら、それぞれ別な人格を持っています。

右脳は「現在」がすべて

右脳にとっては〝現在〟が、〝この場所、この瞬間〟がすべてなのです。

右脳は映像を通して考え、身体の動きから得られる感覚で学びます。情報はエネルギーの形をとって、すべての感覚システムから同時に一気に流れ込むのです。

その瞬間、何が見え、匂い、味がして、どのような感触がし、どう聞こえるか、巨大なコラージュになって現れるのです。

右脳の意識を通して見ると、私という存在は自分を取り巻くすべてのエネルギーとつながった存在なのです。まるで1つの家族のように。

〝この場所、この瞬間〟、私たちはこの地球上で共に世界をより良くしようとする兄弟姉妹となるのです。

とても完璧な、美しい存在になるのです。

左脳は「過去と未来」

一方、左脳はまったく異なった存在で、直線的、系統的に考えます。

左脳にとっては〝過去と未来〟がすべてです。

左脳は現在の瞬間を表す巨大なコラージュから詳細を拾い出し、その詳細の中からさらに詳細についての詳細を拾い出すようにできています。

そして、それらを分類し、すべての情報を整理し、これまで覚えてきた過去のすべてと結びつけて、将来の行動へと反映させます。

左脳が「個の存在」へと切り離す

また、左脳は言語で考えます。

脳内の「声」が内面の世界と外の世界とをつなぐ役割を果たしているのです。

たとえば、「帰る途中でバナナを買うのを忘れないで、明日の朝いるから」と。

計算された知能が、私がすべきことを思い出させるようなものです。

しかし、最も重要なのは、その「声」が、私に〝私が私であること〟を思い起こさせることなのです。

左脳の存在によって、右脳のエネルギーに満ちた共同体から個々の存在へと切り離されるのです。

私たちは1人の個人となり、周りのエネルギーの流れから離れ、分離するのです。

それが、脳卒中の朝に私の失ったものでした。

◆意図的に右脳に歩み寄る

もはや体の境界さえわからない私は、自分という存在が周りのエネルギーと一体となり、大きく広がるように感じたのです。

そこは本当に素晴らしい世界でした。外の世界と自分をつなぐ脳の「声」から完全に切り離されているのです。

この空間の中では、仕事に関わるストレスがすべて消え、体が軽くなったのを感じました。

外の世界とのすべての関係、ストレスの原因がなくなったのです。

平和に満ちあふれた気分になりました。想像して下さい、37年間の感情の重荷から解放されるのが、どんなものか。

あぁ、何という幸せ。とても素敵でした。

だれでも右脳に歩み寄り、涅槃を得られる

私は涅槃（ねはん）を得たのです（涅槃とは、煩悩から解脱して、悟りの智慧を完成させた境地のこと）。

「まだ生きているにもかかわらず、悟りを開いた私は、生きている皆に悟りは開けることを伝えるべきだ」と気づきました。

意図的に左脳から右脳へと歩み寄ることで、悟りを開くことができるのです。

平和で美しく、思いやりに満ち、愛する人々で満たされた世界に、皆、来ることができる素晴らしさを思い描きました。

右脳で生きれば、世界は平和になる

私たちは器用な体と、２つの認識的な心（左脳と右脳）を備えた宇宙の生命体です。

私たちは左脳により、この世界の中でどんな人間になりたいのか、どのよう

な存在でありたいのかを選ぶことができます。

と同時に、私たちは右脳の世界に歩み寄ることで、宇宙の生命力の共同体になることができるのです。

もし自分の中にある、まったく別の2つの心を選べるとしたら、どちらを、いつ、選ぶでしょうか。

私たちがより多くの時間、右脳に歩み寄れば、世界はもっと平和な場所になるのではないか、そう確信しています。


テイラー博士は、左脳の「言語中枢」と、からだの境界や空間と時間を判別する「方向定位連合野」にゴルフボール大の血の塊、血栓ができて、言語も方向も空間把握もできなくなった、つまり、左脳の機能が使えなくなったのです。

SPECT装置、いわゆるガンマ線を利用して、脳のどこがいま活性化しているかを計測する装置で測ると、明らかに言語中枢や空間を把握する部位が機能していないことがわかりました。その一方で、普通の人ではあまり活性化していない、右脳の特殊な部位がとっても活発に電気信号が記録されていることがわかったのです。

つまり、左脳の機能が使えなくなった瞬間、まるでスイッチがポンっとオンとオフが切り替わるみたいに、右脳のいつも使っていない部位が活発化したのです。

その瞬間、テイラー博士は、「悟りの境地に至った」と言うのです。

「すべてのものが、愛にしか感じなくなった」と。

彼女はそれを「ラ・ラ・ランド」と表現しています。陶酔の世界というのです。ここにずっといたい、天国みたいな境地なのだそうです。

彼女は脳卒中を経験したことで、修行も何もしていないのに一瞬で悟れるのであれば、「人類はみな、生きているうちにこの心境にきっとこれるはずだ」「この世界を味わえるはずだ」と考え、「これを広める価値がある」と、プレゼンテーションを世界中でやり始めたのです。

さらに、テイラー博士は書籍『奇跡の脳』（竹内薫訳、新潮社刊）では、次のように記しています。

この体験から、深い心の平和というものは、いつでも誰でもつかむことができるという知恵を私を授かりました。涅槃（ニルヴァーナ）の体験は右脳の中に存在し、どんな瞬間でも、脳のその部分の回路に「つなぐ」ことができるはずなのです。

このことに気づいてから、私の回復により、他の人々の人生も大きく変わるに違いないと考え、ワクワクしました。他の人々とは、脳障害からの回復途中の人々だけでなく、脳を持っているひとなら誰でも！という意味です。幸福で平和な人々が溢れる世界を想像しました。そして、回復するために受けるであろう、どんな苦難にも耐えて見せよう、という気持ちでいっぱいになりました。私が脳卒中によって得た「新たな発見」(insight) は、こう言えるでしょう。

「頭の中でほんの一歩踏み出せば、そこには心の平和がある。そこに近づくためには、いつでも人を支配している左脳の声を黙らせるだけでいい」

神経解剖学的な見地からは、左脳の言語中枢および方向定位連合野が機能しなくなったとき、わたしは右脳の意識のなかにある、深い内なる安らぎを体験することができたのです。二〇〇一年以降、アンドリュー・ニューバークと故ユージーン・ダキリ両博士によって行なわれた研究が、わたしの脳の中でなにが起きているかを正確に理解する助けになりました。ニューバークとダキリはSPECT技術を利用して、宗教的もしくはスピリチュアル（神秘）体験をもたらす神経構造を明らかにしました。ニューバークとダキリは、脳のどの領域が意識の変容をもたらし、個人の意識から離れて、宇宙と「ひとつ」であるという感じ（神、ニルヴァーナ、幸福感）を生み出すのか、知りたいと思ったのです。

チベットの僧侶とフランシスコ会の修道女が、SPECT装置の中で瞑想あるいは祈るために招かれました。彼らは、瞑想のクライマックスに達するか神と一体になったと感じたときに、ひもを引くように指示されました。こうした実験によって、脳の中の非常に特殊な領域で、神経学的な活動が変化することが明らかになりました。まずはじめに、左脳の言語中枢の活動の減少が見られ、脳のおしゃべりが沈黙します。次に、左脳の後部頭頂回にある方向定位連合野の活動の減少が見られました。この部分は、その人の肉体の境界の判別に役立っています。この領域が抑制されるか、感覚系からの信号の流入が減少すると、まわりの空間に対して、自分がどこから始まりどこで終わっているかを見失ってしまうのです。

こうした最近の研究のおかげで、左の言語中枢が沈黙してしまい、左の方向定位連合野への正常な感覚のインプットを妨げられたとき、わたしに何が起きたのかを、神経学的に説明することができます。わたしの意識は、自分自身を固体として感じることをやめ、流体として認知する（宇宙とひとつになったと感じる）ようになったのです。

右脳と左脳の2つの人格の特徴

右脳の人格は、思いやりにあふれている

さて、右脳と左脳の2つの人格の特徴をまとめてみました（図表5）。

右脳は、とても思いやりにあふれています。いつも喜びでいっぱいです。そして、いま、この瞬間、現在の瞬間の豊かさしか気にしません。貯金がないから不安だとか、あれが起こったらどうしようとか、思わないのです。

とってもフレンドリーです。満ち足りて情け深く、慈しみ深いうえ、いつまでも楽天的です。ありのままに物事を受け取り、そして認めます。良い、悪い、正しい、間違いといった判断はしません。

図5｜右脳と左脳の2つの人格

左脳の人格	右脳の人格
・優越感 ・自我を認識 ・完全主義者 ・会社や家の管理人のよう ・財務や経済を重視する ・働き者で、やるべき日課の項目をどれだけこなしたかでその価値をはかる ・批判的になり、柔軟性に欠ける ・慌てふためく ・何でも分析する ・正しくやろうとする ・好むものにはいいと判断を下し、嫌うものには悪いと判断を下す ・批判的な判断や分析を通じて、常に自分を他人と比較する ・自我の心は個性にのめりこみ、他人と違うことを褒め称え、独立心をあおる ・時間は過去、未来に分ける ・入ってくる刺激に対してパターン化された反応をする	・思いやり ・喜び ・現在の瞬間の豊かさしか気にしない ・フレンドリー ・人生と関わるすべての人たち、そしてあらゆることに感謝の気持ちでいっぱい ・満ち足りていて情け深く、慈しみ深いうえ、いつまでも楽天的 ・良い、悪い、正しい、間違えているといった判断はしない ・ありのままに物事を受け取り、いま、そこにあるものを事実として認める ・宗教や人種のような人工的な境界などわからないし、気にとめない ・冒険好き、豊かさを喜び、とても社交的 ・他人を許し、自分を許す ・ゆっくりくつろぐ ・共感したり、他人の身になって考えてみたり、感情移入する ・「自己」と「他者」が一体となって溶け合うような感覚 ・さまざまな起こりうる事態を人生の価値ある教訓として受け止める ・宇宙との一体感 ・時間は、いまこの時間しか存在しない

宗教や人種のような人工的な境界などわからないし、気にもとめません。冒険好き、豊かさを喜び、とても社交的です。「自己」と「他者」が一体となって溶け合うような感覚。共感したり、他人の身になって考えてみたり、感情移入をします。

右脳にとって時間という概念は、いま、この瞬間以外に存在しません。過去と未来はありません。この瞬間の連続です。

さまざまな起こりうる事態を人生の価値のある教訓としてすべて受け止めます。すべてが愛、すべてが感謝に値すると右脳は受け止めます。

したがって、人と争いません。そして、自分と他人を分けて考えないので、同等価値として愛しています。

そして、テイラー博士の書籍『奇跡の脳』に何度も出てくるのですが、宇宙のエナジーと自分は常に一体だということを本能的に悟るそうです。

『奇跡の脳』に出てくる文字をそのまま使うと、「ニルヴァーナの境地」です。「ニルヴァーナ」とは、仏教用語で「涅槃の境地」「悟りの境地」に至るということです。

テイラー博士は、瞑想などやったことがない。巡礼への旅に出かけたこともない。それが、脳卒中になった瞬間に「涅槃の境地」に至ったというのです。

左脳の人格は、スーパーエゴイスト

一方の左脳は、アドルフ・ヒトラーのようなスーパーエゴイスト、独裁者的な人格です。

人間関係の出来事に対して、「自分は自分、人は人」という考え方を中心概念に置いています。常に自分を最優先します。優越感を常に求めます。完全主義者です。会社や家の管理人みたいです。お金をとにかく重要視します。

働き者で、やるべきことを、日課をどれだけこなしたかで価値を測るために、真面目に働きます。逆にいうと、ヒマにしてると不安になって心配になります。

一生懸命にやっていると、何かわからない忙しさでも、「エゴ」は達成感がありますから、忙しいことが好きなのです。

批判的です。柔軟性に欠けます。慌てふためきます。何でも分析して、マイナスの部分、欠点を洗います。

そして、間違っているから正しくやろうとします。やらせようとします。

自分が好きなものには良い、自分が嫌いなものには悪いというふうに、自分の基準で判断をします。あらゆるもの、出来事を分析して正しい、間違っていると、自分の基準ですべてを決めます。客観性がありません。

批判的な判断や分析を通じて、常に自分の考えや自分の行動と他人を比較します。

そして、他人と違うことを褒め称え、独立心をあおります。自分は他の人よりもきれいでいたいというのは、全部これです。

時間の概念は右脳と真逆で、いまこの瞬間がなく、過去と未来しかありません。

そして、入ってくる刺激に対しては、すべてパターン化した反応しか示せません。

なぜかというと、左脳の思考は過去のデータを思い出して、過去こうだったから、きっとこのパターンは未来こうなるだろう」という予想で成り立っているからです。したがって、過去に起こったことを未来に反映し、想像して、良いとか悪いとかを決めるのです。

過去に騙されたことのあるYさん。その騙した人と同じ出身地の人に会っただけで、嫌な過去を思い出し、気分が悪くなってしまうそうです。勝手に「また騙されてしまうのでは？」と、想像してしまうのです。

時間も過去と未来しかないので、この過去にあったことを思い起こして未来を想像する。現在はありません。

これが左脳です。

「この辺の要素が合わさるとスーパー・エゴイスト、独裁者、ヒトラーになるんだな」と、何となくわかると思います。

もちろん、人によって、その人の持って生まれた個性、才能、DNAの受け継ぎ方、組み合わせで、どのエゴが強いか、パターンはいろいろです。しかし、基本的に左脳の人格は共通しています。

エゴはエゴなのです。こちらのエゴはましなエゴで、あちらのエゴはひどいとかはありません。エゴは皆、エゴです。

自己中心的で、自分が最優先なのです。なぜ最優先かというのは、自分の身を守ろう、命を守ろうとする防衛本能が左脳に宿っているからです。

したがって、その機能がないと人生が早く終わってしまいます。

サファリランドに行って、窓を開けて、「かわいいライオンだ」と言って、食べられてしまいます。

「なんてステキなライオンでしょう、ライオンとわたしはひとつの命でつながった存在よ」と言ってたら、その瞬間にガブって食べられて、人生が一瞬にして終わってしまいます。

そういう意味もあり、左脳には空間把握をする能力もあるし、自分と他を分ける能力もある。防衛本能に繋がっているのです。

だから、なくてはならない機能なのですが、その機能がゆえに、その人の持って生まれた環境とか、元々の個性・才能が掛け合わさって、時に独裁者ヒトラーのようにエゴが暴走してしまうのです。

心理学でみる、あなたの中の異なる人格

あなたの中の異なる人格を「心理学」で紐解いてみましょう。

カール・グスタフ・ユング（1875〜1961年）。スイスで生まれた精神科医、心理学者です。現在の臨床心理、とりわけ心理療法の世界では、ひとつの根幹を担ってる分析心理学（ユング心理学）の開発者です。

脳には「顕在意識」「潜在意識」という異なる意識領域がありますが、ユングは、個人的な無意識にとどまらず、個人を超え、人類に共通しているとされる「集合的無意識」の存在を発表しました。

それでは、ひとつずつ見ていきましょう。

「顕在意識」

「顕在意識」とは、自分で考えて、行動することができる意識です。論理的な思考や理性、知性を指します。

「優しくなければならない」「人を大切にしなければならない」「人や物事には感謝しなければならない」「批判的に人を裁いてはいけない」「自分のことだけを優先してはいけない」「これが常識だ」「こうすべきだ」「これが正しいやり方だ」「これが当たり前の礼儀作法だ」「こうあるべきだ」……。

生まれてから今日まで、両親や学校の先生、地域社会、テレビ、本・新聞・雑誌、インターネット、あらゆるところからインプットされた知識によって刷り込まれています。

「潜在意識」

「潜在意識」とは、活動はしているが自覚をしていない意識です。「個人的無意識」とも言い、感情や感覚、直感を指します。

生まれてから今日までのさまざまな過去の経験や知識として知ったこと、見たり聞いたりしたこと、それによって感じた印象や思考が、すべて蓄積されていますが、自分ではまったく覚えていません。いつ、どういう記憶が出てくるか、まったくわからず、コントロールが効きません。

しかし、潜在意識から一瞬ごとに湧き上がってくる感情的な意識は、顕在意識の意思の力よりも優先されます。

自分の顕在意識の意思では「やせたい」だから「甘いものを食べてはいけない」と、自らの意思で決めていたとしても、自分ではコントロールできない潜在意識の領域から「あの甘いものを食べたときの幸せ感を、もう一度味わいたい」と、湧き上がってくるわけです。

顕在意識の意思の力よりも常に潜在意識から湧き上がってくる無意識の感覚的・感情的な意識は優先されるのです。

「ダイエットしてるから食べちゃいけない」と言ってるのに、「チョコレートひとかけらなら大丈夫」「今日ぐらいいいかな、明日からがんばれば……」と、また食べてしまう。

でも、顕在意識ではハッキリと「ダイエットしたい」と思っている。で、「なんてわたしは意思が弱いんだろう」と言うのです。

いやいや、そうじゃない。

脳のメカニズムとして、自分のコントロールできる顕在的な意識と、コントロールできない潜在的な意識は、わたしたちの日常の「判断」や「言動」「行動」に与える力関係がまったく違うのです。

意思よりも潜在意識から湧き上がってくるインスピレーションが弱い人などいません。顕在意識の力を1とすると、潜在意識はその7万5000倍の力があると言われています。

「食べたい！」「自分にご褒美をあげたい！」という感情の方が強いのです。

「集合的無意識」

さて、3つ目の「集合的無意識」。これこそが、ユングが提唱した分析心理学における中心概念です。

「集合的無意識」とは、個人的に獲得された無意識とは違い、生まれながら人間に備わっているもので、別名、「普遍的無意識」とも言います。

ユングは、「人間の無意識のいちばん深いところには、個人の経験を超えた生まれたときにすでに持っている先天的な記憶の構造領域がある」と言ってるのです。

言い換えると、「すべての森羅万象の、生きとし生けるものは、いちばん深いところで、エネルギーで繋がってる」と言ってるのです。

暴走する潜在意識

ところで、あなたの潜在意識は、どのような体験や経験でできているのでしょうか。

あなたの潜在意識に蓄積されているあなたにとっての真実の記憶は、過去のそのとき、その瞬間のあなたの捉え方、感じ方がそのまま記憶となってインプットされています。

そして、あなたの人格形成の基礎は、あなたの父母に対する記憶に起因しています。

いくら学校でたくさんのことを勉強し、テレビや新聞、雑誌、ラジオ、インターネット、友人との会話からさまざまな情報をインプットして「常識」を兼ね備えたとしても、あなたの潜在意識は暴走するのです。

たとえ顕在意識にインプットされた知識によって「正しくあらねば」「感謝しなけ

れば」「優しくしなければ」という思考パターンを持っていても、人間関係や環境からさまざまな刺激を受けて、潜在意識に蓄積された過去の記憶から「許せない」「私が正しい」「得したい」などの自分ではコントロールできないもう1人の人格が顔を出すのです。

湧き上がる「インスピレーション」や「感情」

外部の環境から、瞬間ごとにいろいろな刺激を受けます。そして、その刺激を受けるたびに、あなたの左脳の潜在意識に蓄積された過去の記憶から、そのデータを引っ張ってきて、さまざまなインスピレーションや感情を、リアルな過去の感情を、ここで再現するわけです。

人と出会う。人の表情を見る。言葉、行動をみる。考え方、価値観に触れる。出来事が起こる。情報が入ってくる。モノと出会う。

これら外部の刺激を受けると、わたしたちの潜在意識から、過去の記憶から自分ではコントロールできない、もうひとりの人格が一瞬ごとに顔を出します。

それは、記憶そのものではなく、感情です。
「あの人の話を聞くと、なぜかイライラする」「なぜか性に合わない」「この空間、嫌だ」「この景色を見ると、なぜか物悲しくなる」「そういう考え方は嫌い」「そんな価値観、わたし嫌い」「なぜかうれしい」「ドキドキする」「楽しい」「怖い」「ムカつく」「さびしい」。

このような感情が出てくることがあります。一見すると、良いと思われる感情も、良くないと思われる感情も、いろいろ出てきます。

まず、意味なく感情が湧くのです。

湧き上がる「思考パターン」

「インスピレーション」や「感情」の次に、今度は一拍置いて、批判的な「思考のパターン」が湧き上がってきます。

過去のデータに照らし合わせて、「それおかしいでしょ」と、自分の価値観を基準に批判し出します。

何だかわからないけど、髪の毛の長い人や金髪に染めている人を見ると、「怪しい」という人がいます。

ホームページ見て、ちょっとオシャレにつくっていると、「胡散臭い」と。

いや、怪しくない。胡散臭くない。あなたの過去の記憶が、「何か怪しい」という刷り込みがあるだけです。

儲け話が来ると、「それ、いいかも」と言って、すぐに乗る人もいます。

顕在意識では「こうあるべきだ」「これが正しい選択だ」「普通はこう考える」という堅実な、真面目な人でも、さまざまな感情や思考が潜在意識から出てくるのです。

この潜在意識の過去の記憶の中には、本当に楽しかったこと。うれしかったこと。儲かったこと。ぬか喜びしたこと。傷ついたこと。苦しかったこと。辛かったこと。イヤだったこと。さびしかったこと。悲しかったこと。すべてが入っています。

しかし、瞬間的に湧き上がるインスピレーションは、そのストーリーの全部ではなく、そのストーリーと一緒に附帯している、そのときに味わった感情だけが出てきます。

7万5000倍の能力差がある潜在意識

わたしたちの日常的な判断、行動に対して、顕在意識の思考パターンの力を1だとしたら、潜在意識から湧き上がる一瞬のインスピレーションや感情は、7万5000倍の影響力があると言われています。

勝てません。意思が弱いのではなく、潜在意識はそうなっているのですから、抗おうったって無理なのです。

潜在意識には「主語がない」

潜在意識に蓄積されているあなたの過去の記憶と感情は、どんなものが多いのでしょう。

小さいときからものすごく苦労したとか。お父さん、お母さんが離婚して本当に経済的に苦しくて、着るものもお古しかなくて、という人もいます。

親の顔を知らずに施設で育った人もいます。両親とも死に別れている人もいます。

一方で、蝶よ花よと箱入りで育てられ、世間知らずのまま育った人もいます。

かぎっ子だから、とにかくおこずかいはいつもたくさん。お金やモノさえ与えておけばいいという育てられ方をされた人もいます。

環境はさまざまです。

親がいなくても、おじいちゃん、おばあちゃんが親代わりをしている人。愛情たっぷり受けた人。虐待された人。いろいろです。

その時々で、いろいろな過去の記憶とそのときのストーリー、記憶に付随した自分が味わった感情というのもあるでしょう。

「もう、辛くて、泣きたかったけど、歯を食いしばった」とか。「絶対に許さないと、そのときに思った」とか。「大人は信用しないと思った」とか。

そのときの感情やストーリーには、その瞬間は主語があったのです。


お父さんは、酔っ払うと説教が長くて、すぐに暴力をふるって、こっぴどくぶん殴られて、もう本当に怖くて、辛くて、逃げ出したかった。

わたしは酒を飲む親父が大っ嫌いでした。

「お父さん」が「お酒を飲む」「酔っ払う」「説教」「暴力」「大っ嫌い」。こういうメカニズムです。

ところが潜在意識では、「お父さん」という主語がなくなります。すると、どうなるか。

酒を飲む人は、皆、大嫌い。

これは、ちょっと困ったものです。

そこで止まってればいいのですが、お酒を飲んで説教をして、暴力を振るう親父。

おふくろにも手を挙げる親父。いつか、やっつけてやりたい。このクソジジイ……。

こう思うとします。

お酒を飲めない男とお酒がいける女性が結婚して「飲めよ、ほら、オレは飲めないけど、おまえ飲めよ」と。

自分では、お酒を飲むオヤジのことを恨んでいることは忘れているわけです、潜在意識ですから、日常的には記憶から消えているわけです。

奥さんがお酒を飲み出して、顔が赤くなってくると、「こいつ、許せねぇ」という感情だけが湧くわけです。

こんなことで、夫婦円満になりますか？

そして、意味もなく、悪いことはしてないけど、文句を言いたい気になってくるのです。

だから、根掘り葉掘り過去のことをほじくって、「おまえ、あのとき、そういえばこうだったよな」と、喧嘩を吹っかけます。

あんまりしつこいと、奥さんも「いい加減にしてくれる？　ちゃんとやってるじゃない」「なんだと！」となるわけですね。

つまり、わたしたちは、過去の記憶に取り憑かれ、振り回されているのです。過去の記憶に人生を支配されているのです。

さぁ、あなたにはどんな記憶が入っていますか？

真実の記憶

あなたの潜在意識、過去の記憶からは、日常の生活の中で、どのようなインスピレーションや感情が湧き上がってきますか？

とにかく日常的に、何かあったら「ムカつく」とか、「信用できない」とか、「許せない」とか、「関わりたくない」「面倒くさい」「嫌い」「関係ない」とか、何か絶対にあるはずです。

あなたの過去に起こった真実の記憶は、やり直したり、なかったことにできますか？

左脳のエゴの常識では、できないのです。

では、真実の記憶。実際に自分の身に起こったことです。自分の記憶の中に鮮明に覚えている「辛かった記憶」「楽しかった記憶」「さみしかった記憶」「許せなかった記憶」「儲かった記憶」。いろいろあると思います。

では、あなたの真実の記憶とは何でしょうか。

あなたの真実の記憶とは、あなたのオリジナルのストーリーだということです。

まわりから見たら、「あんなに叱ってもらって、幸せだなぁ、山田のやつは。部長は相当、目をかけてるな。普通、あそこまで言ってくれないよ」と、皆、思ってる。

その山田本人は、「何で自分だけこんな目に合わなきゃいけないんだよ。辞めてやる」と思っている。

その人の捉え方や感じ方が、その人にとっての真実の記憶なのです。

「わたしはこういう目にあった」「わたしはこういう家庭環境だった」「わたしの性格はこうだ」「わたしはこう思う」「あのときは、辛かった」「苦しかった」「さびしかった」「悲しかった」「うれしかった」……。

そのように思い込んでいる真実の記憶は、ひとつではないということです。

つまり、その出来事や人間関係に対する受け取り方や感じ方が、ストーリーになって、自分にとっての真実の記憶として、インプットされているわけです。

家庭の中でも夫婦の間でも、親子の間でも、嫁姑の間でも、従業員と経営者の間でも、真実の記憶違いが起こっていないでしょうか？

良かれと思って叱責したら、向こうは、「何でこんなこと言われなきゃいけないんですか」と、恨みとして返ってくる。反発として返ってくる。

愛情が深い経営者であればあるほど、このようなケースは多いでしょう。

あなたの過去の真実の記憶は、すべて、その時の受け取り方、感じ方、捉え方でできています。

その人だけのオリジナルの物語、オリジナルのストーリー、脚本を自分で書いているのです。

つまり、そのストーリーには客観性がまったくないのです。

エゴ形成のプロセス

エゴ形成のプロセスをまとめてみました（図表6）。

体験を通して独自の感情が生まれる

まず左脳には、見るところ、聞くところ、味わうところ、言語を理解するところ、空間を把握したり、場所を覚えたり、経験や学んだ知識をすべて記憶する場所があります。

わたしたちは、生きていく中で、さまざまな出来事を体験、経験します。

人は、この経験を通して、それぞれ独自の感じ方、捉え方で感情が生まれます。

「嫌だった」とか、「儲かった」とか、「うれしかった」「辛かった」「悲しかった」「さ

図6｜エゴ形成のプロセス

過去の記憶▶思考▶感情▶価値観＝判断基準の形成
この一連のプロセスこそがエゴ=自我の正体

視覚、聴覚、味覚、言語理解、方向や空間の把握などの経験や
学んだ知識を記憶する脳の機能・部位

⬇

出来事、体験を経験する

⬇

出来事、経験から、それぞれの独自の感じ方、捉え方、感情が生まれる

⬇

独自の感じ方、捉え方によって、自分にとっての真実の記憶
＝オリジナルの物語ができあがり、記憶される

⬇

自分にとっての真実の記憶と感情によって独自の価値観が形成される

⬇

形成された独自の価値観（＝判断の基準）が自分自身だと錯覚していく
（エゴの同一化が進む）

⬇

新たな出来事を経験する

⬇

左脳は過去の自分にとっての真実の記憶と感情をもとに、
未来を予測、妄想する

⬇

過去の感情がよみがえる

⬇

エゴが形成する価値観（＝判断の基準）は、
さらに強固になっていく（エゴの同一化がさらに進む）

びしかった」「楽しかった」「ちょっと痛かったけど気持ちよかった」……。

このような、さまざまな感情が生まれます。

感情が基準となり独自の価値観が形成される

人それぞれ独自の感じ方、捉え方によって、自分だけの真実の記憶、オリジナルのストーリーが出来上がります。この自分だけの真実の記憶、ストーリーがしっかりとデータベースに入るわけです。

そして、自分の体験したことに対する感じ方、受け取り方によって、人それぞれ独自の価値観、つまり判断の基準が形成されていくのです。

わかりやすく言うと、価値観というのは、過去の記憶、そのときの自分の捉え方、感じ方、そこから生まれる感情が基準になっていくわけです。

経験を積み重ねることで、それが自分にとっての真実の記憶となり、そのときの感情が積み重なっていき、その記憶なり感情が価値基準を形成していくわけです。

たとえば、納豆が好きな人と嫌いな人がいます。過去の経験で、納豆を食べたがネバネバレして気持ち悪かった、味もなんかよくわからない、まずかった。これが自分の感情だとすると、いまでは納豆を見た瞬間に「嫌い、無理」となるでしょう。

つまり、納豆に対する価値基準が出来上がったのです。

過去の記憶が思考、感情を生み、価値観を生み出し、判断基準を形成するのです。

このプロセス全体が、エゴ、いわゆる自我の正体です。

エゴだらけの経営者だって、あのヒトラーだって、生まれた瞬間は、まったくエゴはありませんでした。赤ちゃんは、まだ空間も時間もわかっていないのです。

しかし、1歳ぐらいになると、しっかりと自我が芽生えてきて、兄弟喧嘩をしはじめます。これは、それまでの1年間の経験から、小さいながらも思考や感情を生み出し、その繰り返しによって、価値観が出来上がっていったのです。

価値観、つまりエゴが自分だと錯覚する

そして、この価値観、判断の基準を自分自身だと錯覚していきます。このプロセス、つまりエゴこそ自分だ、この価値観、この考え方、この思考のパターン、これが自分

なんだと錯覚していくわけです。

左脳は後付けです。生まれてからの経験による受け取り方によって、変わるのです。環境でも変わるし、体験したときに、どういう受け取り方をするか、感じ方をするかによって、価値観は変わるわけです。

つまり、自分だと思っている人格（左脳の人格）は、後付けのニセモノです。元々の人格は、生まれたときの右脳の人格です。とても深い慈愛と慈悲の人格です。あなたの人格は、左脳のエゴイストな人格ではないのです。

しかし、自分の価値基準、判断基準が、「わたしはこうだ」と言えば言うほど、その基準、価値そのものが自分だと思い込んでいるのです。

しかし、それは違うのです。左脳のエゴは価値観を膨らませて、自分を占拠しているだけですから。

この価値観、判断基準は、実態がありません。

過去の記憶と感情で未来を妄想する

毎日、生きていると新たな出来事を経験します。すると、エゴは過去のデータを検索して、過去の自分のオリジナル・ストーリーの記憶と感情を元に、未来を想像、妄想します。

「あー、以前、わたしを騙した人と同じ出身地か。絶対に信用しちゃダメだ。痛い目に会う。もう嫌な思いはしたくない」となるわけです。

その人と一緒に事業を展開したら、バラ色の人生が待っているかもしれないのに。

「過去に、これを食べたらじん麻疹が出た」

「いや、新鮮だから大丈夫」

「いや、もう絶対に無理。出る、出る、出る」

「出る、出る、出る」と言うと、本当に出ますよね。だって自分の思考がそのまま反映するわけですから。

過去の出来事を体験したときに感じた捉え方、感情がよみがえって嫌な気分になったり、何となくぬか喜びして、また、あのときと同様、儲けるんじゃないのかと妄想したりするのです。

価値観、つまりエゴが強固になる

経験を繰り返すことにより、「エゴ＝形成される価値観、判断基準」は、さらに強固になり、「これが自分だ」と、頑固になっていきます。

年齢を重ねると、「いや、今さら自分は、変えられない」と、よく言いますよね。「今さら自分は、変えられない」。その場合の、「今さら自分は」という「自分」は、「エゴ」のことを自分だと言ってるのです。「今さらエゴは、変えられない」と言っているのです。

「自己紹介してください」「はい、わたしはこういう人間です」と言うときの「こういう人間です」という定義は、自分の「価値観」＝「エゴ」を自分だと言っているのです。

このようなプロセスで強固となった「エゴ」＝「あなたの中のヒトラー」に、あなたの人生や経営は完全に支配されているのです。

エゴは巧妙にカモフラージュする

エゴは、ちょっと右脳の理論を勉強すると、さもわかったかのように、「慈愛と慈悲の人格にシフトしました」とカモフラージュすることを得意とします。

右脳の人格を真似するのです。

表面的な言葉づかい、選択する語彙が、一見変わったように見えるのですが、エネルギーの本質が変わっていないので、まわりの人たちからは、すぐに見抜かれます。目を見ただけでわかります。

このカモフラージュは、巧妙に、自分に対しても他人に対しても、さもわかったかのように振舞います。

しかし、カモフラージュしたエゴは、その人を観察していると、必ず、馬脚を表します。

なぜなら、エゴは不安でしょうがないので、常に理論武装しようとするのです。あるいは、目を合わさず、内にこもります。

「わたしは、わかっています。透明です」と、なるべく目立たないように消すエゴもいます。自分さえもダマそうと、取り込もうとするのです。

大事なのは、カモフラージュしたエゴに同一化されようとしていることを気づき、同一化させないことです。

エゴに思考と感情を支配されている

人生のほとんどの時間を「左脳の人格」＝「エゴ」、つまり自分だと言い張っている価値観、判断の基準に支配されています。

わたしたちが物心両面で、心の底から幸せになれないのは、「エゴ」に自分を同一化され、思考と感情をすべて支配されているからです。

しかもタチが悪いことに、常に自分の判断や考え方が正しい、良いことしていると思っているのです。

もし自分が罪悪感を感じていたら、その罪悪感を打ち消すための理論、理屈を無理やりにでも引っ張ってきます。

「だって、あれはこういうことがあったから、仕方なかったんだ」「だから、わたしはこういうふうに言ったんだ」「だから、わたしはこういうふうに選択したんだ」と。

自分の価値観、判断の基準で、すべてを決めるのです。

価値観は、分離のエネルギーしか生みません。自分と他は別ものだ。考え方が違うやつだ。だから、警戒しなければならない。自分と目の前の人は赤の他人だ。他人よりも自分が大事だ。他よりも自分の家族だけが大切だ。他よりも自分の会社、自分の業界だけ、自分の国だけ。

分離ではなく、大いなる宇宙のエネルギーとして、ひとつの命としてつながっている自分の分身だと思ったら、震災などで苦労されている、あるいは辛い思いをしてる方々を、放っておけないはずです。

シリアで戦争孤児が食べるものもないと言ってるのに、平気で「これ、きらい」と言って食べ物を残していませんか？

アフリカではワクチンを打てない子どもたちがいっぱい亡くなっているのですが、それを聞いた日本人は、「わぁ、大変だなぁ」「かわいそうだなぁ」「こんな子もいるのか」とは言うけど、募金している日本人が何人いると思いますか？

以前、わたしは「かわいそうだな」と思って募金をしていました。

しかし、今は「ありがとうございます」に変わりました。

共有しているエネルギーのメカニズムを知って、変わりました。わたしたちの代わりに、体験してくださっているかもしれないからです。右脳の人格は、すべてと根底でつながっているわけですから。

ところが、左脳の人格は評論家になって、アクションに移りません。

「募金、いっぱいしなきゃいけないよね、お金を持ってる人は」

「今月は、あの支払いもあるから、ちょっと今日は無理だなぁ」

「どこで募金すればいいかわからないから、機会があったらしよう」

「価値観」＝「エゴ」なのです。

「煩悩」を知る

「煩悩」を別の言い方をすると「価値観」です。

あらゆるインスピレーション、表情、自分の考え方、思考、感情、判断を生み出すのは、その人の価値基準、価値観です。

そして、この価値観こそが「エゴ」なのです。

わたしたちは、この「価値観」＝「エゴ」、自分のものさし、自分の思考、考え方、感情のパターンを、自分自身だと、ずっと思い込んでいるのです。そうやって生きているのです。

自分を自分だと思い込んでいるエゴ、これは自分とは一切、関係ないのです。単なるエゴです。自分であるわけがないのです。

それが証拠に、価値観とは、生まれてから今日までにずっと積み重なった思考と感情、自分にとっての過去の真実の記憶、自分だけのストーリー、ものがたり、もっとハッキリ言うと、勘違いした受け取り方、未熟な解釈、一方的なものの見方が、積み重なって自分という価値観、色メガネができているのです。

この色メガネというのは、人によって、千差万別です。1万人いたら、1万人の色メガネの色は違います。

この色メガネ、自分だけの基準、オリジナルの考え方、これを消し去らないと、本当の愛、本当の感謝は出てきません。

これが自分の人生や経営を破壊しているとしたら、どう思いますか？

「家族とのトラブル」「両親との疎遠、確執」「嫁姑の問題」「友人関係の問題」「人間関係」「お金のトラブル」「病気」「コンプレックス」「不安、心配」「従業員が入ってこない」「辞めてしまう」「売上げが上がらない」「お客さまがファンになってくれない」

さまざまな問題がありますが、すべて、この価値観が原点にあるのです。この価値観こそが自分の問題を生み出しているのです。

したがって、この価値観を持ったまま、「物心両面で豊かに」は、無理な話なのです。

なぜなら、価値観はエゴですから。

エゴは自分のことが大好き。自分中心。自分を正当化するためには、他人を犠牲にする。エゴとエゴ、価値観と価値観がぶつかると、離婚が起こります。なぜならば、エゴというのは、分離のエネルギーだからです。国同士だと、戦争が起こります。

左脳は、どうにか折り合いをつけようとして、エゴ同士なんだけれども、「とりあえず、このメリットをお互いに共有するために、ここは仲良くしましょう」と、「メリット」を仲介して、とりあえず表面的に仲良くします。

しかし、「メリット」がなくなったらどうなるのでしょうか。元々分離のエネルギーですから、この「メリット」が見えなくなった瞬間に、分離してしまいます。

これがエゴの正体です。

右脳の深い慈愛と慈悲の人格は、分離ではなく、融合のエネルギーです。元々ひとつのエネルギーとして繋がった存在です。

経営をするのも、家庭を営むのも、子育てをするのも、友情を育むのも、後輩を育てるのも、部下を育てるのも、すべて融合のエネルギーでなければ、「メリット」が感じられなくなった瞬間に、その関係性は、根こそぎなくなるということです。

離職が問題になっている会社は、元々、分離のエネルギーだからです。だからこそ、融合のエネルギーに根本を切り替えなければ、何をやってもパッチワーク、ツギハギになります。

とりあえず、今起こっている問題をツギハギでごまかします。この場だけをしのぎます。これを何十年間も追いかけっこをしているのです。モグラ叩きです。こっちのモグラを叩いたら、今度はこっちのモグラが出てきます。

ツギハギをいくらしても、水は漏れます。根本のエネルギーが、分離だからです。

「三毒」を消し去る

右脳にシフトするための次のステップとして、自分の左脳の中に存在する「煩悩」「価値観」「執着」を消し去るトレーニングを行なっていきます。

なぜ、このトレーニングを必要とするのでしょうか？

実はいま、この瞬間も、諸外国で続いている戦争、内乱、連日報道されている犯罪や、政治家や企業の不祥事、離婚や職場での人間関係の不和など、これらすべては、わたしたちの「煩悩」「価値観」「執着」が原因で起こっています。

わたしたちは自分の「煩悩」「価値観」「執着」を持っているが故に、悩み、さまざまな苦しみに振り回される日々を送っています。

自分の「煩悩」「価値観」「執着」が相手との争いを生み、あなた自身を悩ませ苦しめる原因となっているのです。

この自分自身の「煩悩」「価値観」「執着」を消し去ることができなければ、あなたの悩みは消えることはなく、永遠に苦しみが続きます。まさにパッチワークです。調子がいいときがあっても、必ず壁がきます。壁を乗り越えられません。ぶち当たって、砕けます。

それ故に、これらを「消し去る」トレーニングが必要なのです。

さて、わたしたちが抱えている「煩悩」にはたくさんの種類がありますが、仏教の言葉を借りると、人の根本的な三つの煩悩を「三毒」（さんどく）といいます。

三毒とは、仏教において克服すべきものとされる最も根本的な三つの煩悩のことです。すなわち、貪・瞋・癡（とん・じん・ち）を指し、煩悩を毒に例えたものです。

なぜ「毒」と言っているか。本人が知らないまま、その三つの毒、貪・瞋・癡に侵されて、最後は支配をされてしまうから、「毒」と言っているのです。

貪（とん）とは、自分の好きなもの、欲しいものを、例え人のものであっても手に入れたい心のことをいいます。2歳の赤ちゃんでも、自分のおもちゃは人に貸しません。

別名を貪欲、我愛ともいい、万の物を必要以上に求める心のことです。好き嫌いというのは、エゴの象徴です。価値観ですから。右脳の人格には好き嫌いはありません。すべて慈愛と慈悲ですから。

瞋（じん）とは、自分の嫌いなもの、嫌いだという心です。自分に背くことがあれば、絶対に許さないという心です。経営者が「今夜は無礼講だ！」と言ったからと、素直に会社の問題点を言い始めた従業員に対して、怒りをあらわにする経営者がいますが、これこそ瞋（じん）の煩悩です。

瞋恚（しんに）ともいい、我（自分）に背くことがあれば必ず怒るような心のことをいいます。

癡（ち）とは、我癡（がち）、また無明（むみょう）ともいい、いわゆる無知の心、無関心の心のことをいいます。

無知には、さまざまなレベルがあります。たとえば、あなたにとって好きでも嫌いでもない人に対する無関心は、痴という煩悩に数えられます。

わたしたちの存在を、右脳に歩み寄った慈愛と慈悲のエネルギーそのものだと捉えた場合、あなたにとって、関係のない人などいません。

すべての個は、大いなる宇宙のエネルギーと、ひとつの命としてつながった存在だからです。

「あの会社、たいへんらしいですよ」「そうなんだ、かわいそうだねぇ」

他人事ではありません。実は、自分の問題なのです。もしかしたら、自分の1年後に起こることを先に見せて、教えてくれているのかもしれません。

宇宙の真理、法則に対する無知といってもいいかもしれません。

「宇宙の真理」を知る

すべての認識対象は、あなたが認識しているように実体をもって存在しているのでしょうか?

人は、視覚対象をあるがままに見ているわけではありません。人の脳は構造上、見えるものを瞬時に加工して、実体視するようにできています。

「見る」ということは、目で捉えた光が視覚神経を通って、電気信号として、脳の中の複雑なルートをたどり情報処理されるという働きそのものです。

そして、普段、わたしたちの目に見えているものは、この脳の働きがあらゆるものに「輪郭」を形付けているにすぎないのです。

したがって、左脳の機能を失った瞬間に、見ているものの形がなくなります。テーラー博士の「シャワー室の壁と自分の腕が一体化して、原子にしか見えなくなった」という状態になるのです。

わたしたちが住む地球も、月も太陽も、わたしたち人間も、身の周りのすべてが原子・分子の集合に過ぎません。

そして、原子・分子はそれぞれに一定のエネルギーを持っています。

すなわち、すべての人やモノはエネルギーの集合に過ぎません。

わたしたちが認識しているすべてが原子・分子であり、エネルギーであるということです。

人やモノを個別の存在だと分離して捉えているのは人間の左脳の働きです。

宇宙に存在するすべての人やモノは、すべてが原子・分子の集合であり、エネルギーであり、「全体」として存在し、何ひとつ「個」として分離しているものはありません。

これが「宇宙の真理」です。

仏教には、「色即是空　空即是色」という言葉があります。

この意味は、この世にあるすべてのもの（色や形）は、因と縁によって存在しているだけで、無常であり無我である（空）、ということです。

すなわち、わたしたちが見ているものは実体ではなく、本当はその姿、形、色は、実は存在していないということなのです。

目に見えているものは実態ではない

最も小さな、ミクロの世界まで見える「目」を持っていたら、この視力でわたしたちの世界を見ると、すべてがミクロに見え、境界線や色、形はどこにも存在しなくなります。

目に見えていた、触れていた空間をさえぎるものも、すべては原子や分子、あるいはエネルギーにしか見えなくなります。

この宇宙にあるすべてのものは、「原子」からできています。

全部で100種類ほどの原子がさまざまに組み合わされて、この宇宙のすべての物質がつくられています。

原子がある一定の数が結合して、はじめて物質としての性質を示すようになります。

この、物質としての性質を示すようになる最小の単位のことを「分子」と言います。

原子の真ん中には「原子核」があり、そのまわりを「電子」が回っています。

さらに、原子核の中には、「陽子」と「中性子」があります。

陽子はプラスの電気を持っており、中性子は「中性」ということで電気を持っていません。原子核のまわりをまわっている電子はマイナスの電気を持っています。

つまり、物質の最小単位である原子は、エネルギーそのものであるということです。

心のリセットは、地球上のどこででもできる

お正月三が日は、多くの人が「今年こそ、すばらしい人に出会いますように」とか、「健康になれますように」とか、あるいは「今年は経営がうまくいきますように」「売

上げが上がりますように」「悪いことが起こりませんように」と、お賽銭を入れてお願いしていると思います。

さて、神社は、何をしに行くところなのでしょうか。

勘違いをしている方が多いのですが、心をリセットする神聖な場所が神社なのです。お願いをするために行く場所ではありません。

まず二礼し、「これから神の前で心をリセットさせてもらいます」と、両手を合わせず、右手を5センチほど引いてずらして二拍します。

「わたしはいま、左脳のエゴに支配されている状態で、真理からずれています。なので、ここでリセットさせていただきます」ということを示しているのです。

そして、右手を戻して両手を合わせリセットして、深い愛と感謝が芽生えたときに、はじめてお礼を言って、最後に一礼し、神に帰っていただくのです。

神社はリセットする場所です。

日本の宗教、神道は、教祖がおらず、この世の森羅万象すべてに神が宿っている、草木、水、花、大地、地球、月、すべてが神、人間さえも神であるとの教えです。

これは、すべては宇宙の原子が集まり、分子となり、形をつくり、命に変わっていっているという、宇宙の法則と合致しています。

人間からすると命に見えませんが、土や石や鉱物にもなっています。これらも宇宙のエネルギーの表れであり、有機体か無機体かの違いで、すべて命はあるのです。

これらの観点で行くと、神社だけでなく、宇宙、あるいは地球上のどこにいても、心のリセットはできるわけです。

ユニバーサル・カンパニーと「思考は現実化する」宇宙の法則を学ぶ

神社をユニバーサル・カンパニーと置き換えた場合、ユニバーサル・カンパニーには、「受信オペレーター」がいます。「配送センター」もあります（図表7）。

「受信オペレーター」が受信をしてくれれば、そのまま「配送センター」に配達の指示があり、即座に届けられるのです。

これがユニバーサル・カンパニーに配送の仕組みです。

「わたしたちが思考したことは、すべて現実化する」

図7｜ユニバーサル・カンパニー

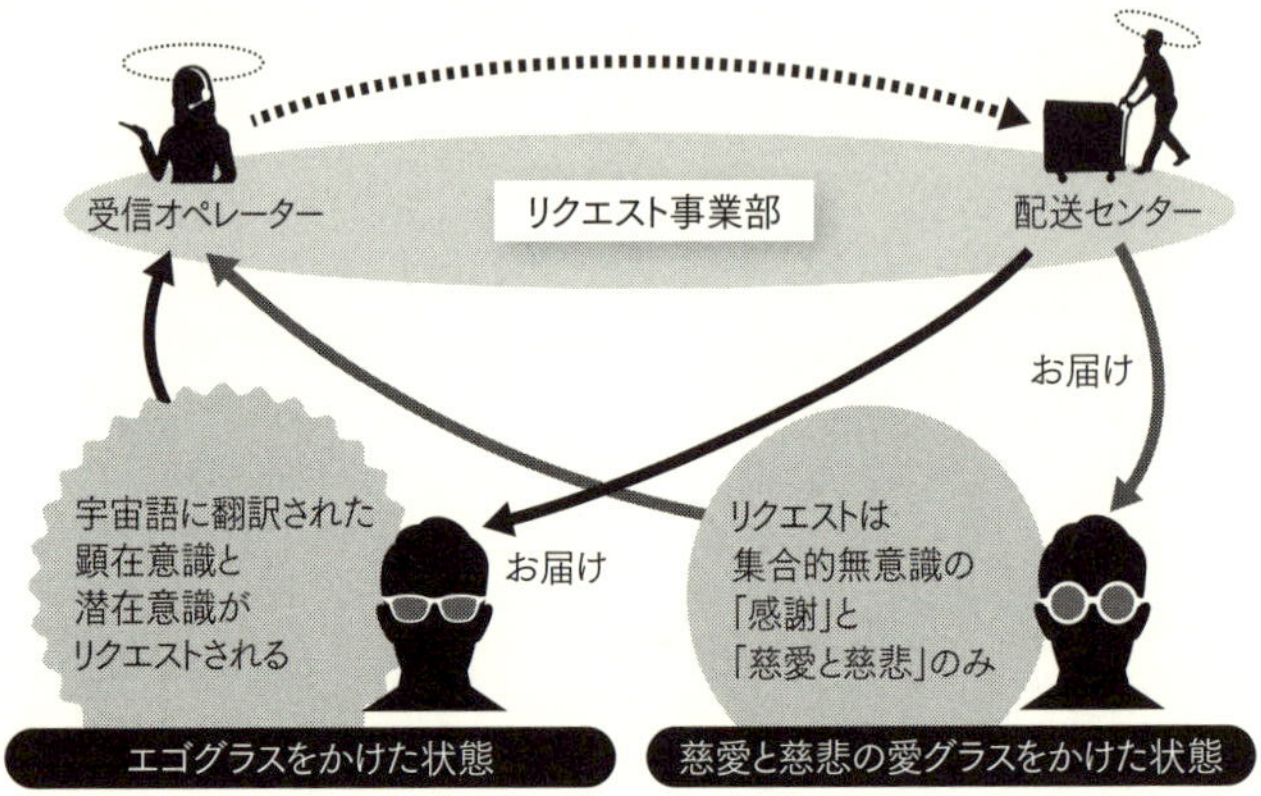

これが究極の真理、宇宙の法則なのです。

「わたしは今年のお賽銭に1000円も入れたのに、全然、願いが叶わないわ」というのは、宇宙の法則を知らないのです。

人間には、顕在意識の思考と潜在意識の思考の2つがあります。

潜在意識が一瞬のインスピレーションや、表情、思考、判断、言動、行動に与える影響は、顕在意識よりも7万5000倍も強いのです。

「いま、こんなに苦しいので、助けてください」「このような状況になるように、お願いします」などと、神社で何かをリクエストするのです。

リクエストした時点で、いま自分には、リクエストした内容と真逆の状況が起こっているると認めているわけです。

顕在意識で現状から何とか抜け出せるように「お願いします」と拝んでいるのです。「悪いことが起こっているので、悪いことが起こらないようにしてください」「お金がないので、お金持ちにしてください」

「従業員が次々と辞めてしまうので、辞めないようにしてください」

つまり、いまが良くない状況だと暗に認めて、「良くない」と自分自身は思っているわけです。

だから、つらく、苦しく、嫌だと言っているのです。

それを改善したい、抜け出したい、好転させたいから「リクエスト」という形でお願いをしているのです。

リクエストは、あくまでも左脳の顕在意識で考えて行なっています。

しかし、潜在意識の深いところでは、つらい、苦しい、不安、心配、悪いことばかりが起こっている、運が悪い、と思っているわけです。

では、どちらのエネルギーが強いでしょうか。

潜在意識の方が7万5000倍も強いのです。だから、どんなに言葉を上手に使っても、潜在意識の思念のエネルギーが、ユニバーサル・カンパニーの受信オペレーターに、ダイレクトに届いているのです。

宇宙の受信オペレーターには、過去も未来もありません。すべて現在形、いま、この瞬間に置き換えます。

いくら未来形で「悪いことが起こらないようにしてください」「お金持ちにしてください」「辞めないようにしてください」とリクエストをしても、配送センターには「悪いことが起こっている状況をプレゼントしてください」「お金がない状況をプレゼントしてください」「従業員が次々と辞めていく状況をプレゼントしてください」と宇宙語に翻訳されて指示が出され、より強いエネルギーが、あなたに宇宙から届くのです。

これが宇宙の法則です。

だから、あなたの深い所での意識、思考が、すべて現実化するのです。
これが「引き寄せの法則」の本当の姿です。

宇宙とのコミュニケーション・ツールは、言語ではなくエネルギー

ところで、「引き寄せの法則」に関する書物を読むと、ほとんどの本は次のような内容で書かれています。
「宇宙語には『いま、この瞬間』しかありません。したがって、未来形ではなく、現在形にして言いなさい。たとえば『売上げが上がって、本当にありがたいです』というように」

これは顕在意識です。いくらこのように念じても、潜在意識では、そのようには思っていません。「売上げが上がってないから助けてほしい」と思っているのです。潜在意識の方が7万5000倍も強いのです。したがって、潜在意識が勝ってしまいます。

宇宙とのコミュニケーションは、言語ではありません。エネルギーがコミュニケーション・ツールです。

エネルギーそのものが右脳のエネルギーにシフトしてからでないと、いくら言葉だけ現在形に置き換えても意味がありません。真逆のエネルギーが伝わるのです。

右脳のエネルギー、深い慈愛と慈悲の心にシフトしていないのであれば、リクエストしない方がいいのです。

したがって、右脳に歩み寄るトレーニングを行ない、心のリセットをして透明度を上げ、本当に深い慈愛と慈悲の心になった状態で、リクエストの代わりに、「ありがとうございます」「物心両面で本当に幸せです」「すべてを愛し、感謝します」と、感謝と愛のメッセージを発信するのです。

「エゴ砦」の中のトップ・シークレットと向き合う

左脳のエゴは、簡単には消えてくれません。なぜなら、エゴは絶対に、何人たりとも立ち入らせない、存在さえも秘密にして明かさない、きわめて強固頑丈な「エゴ砦」を、左脳の潜在意識のいちばん深いところに、しっかりと築いているのです。

「エゴ砦」の門には、常に屈強かつ武装した親衛隊が、砦の中のトップシークレットを暴かれないように、見抜かれないように守り続けているのです。

この「エゴ砦」の秘密と向き合わない限り、絶対に解放されません。

表面的に、浅い所でエゴを消し去ったり、右脳に歩み寄ることができても、いままで自分が自分の人格だと思い込んでいた価値観のいちばん中心になっている秘密に向き合わなければならないのです。

たとえば、仕事上、または人生の中で、憎い相手を「わたしの前から消えて欲しい！」と、何度も何度も想像の中で殺してきたかもしれません。

それを、だれにも言ってきたことがない、言えないどころか隠し、なかったことにしている。

でも、実際に殺人を犯した人と何も違わないのです。

現実の世界ではやっていないかもしれません。しかし、エネルギーの世界ではやっているのですから。

だから、その罪の深さ、大きさというものを本能的に知っているので、エゴは「あいつがこんなことをやって悪いんだから、わたしは許さないいんだ。だから復讐してもいいんだ。本当に実行しているわけではないから、いいでしょ？」と言ってきます。

エゴは狡猾です。想像とはいえ、これがどれだけ罪深いか、エゴは知っているので、理論武装し、正当化して、なかったことにするために、「エゴ砦」のなかに封じ込めて武装親衛隊に門番をやらせるわけです。

だれにも触れさせない。奥さんにも母親にも。自分自身にもなかったことにしているのです。

「エゴ砦」の中のトップ・シークレットである、自分にとっての過去の記憶、封印されている忌まわしい記憶、認めたくない記憶、忘れたい記憶を真正面から勇気を出して向き合わないかぎり、エゴは絶対に縮小することはないのです。

表面的にシューって萎んでも、すぐに元どおりに戻る人がいます。この人は、「エゴ砦」の中のトップ・シークレットに向き合っていないのです。

言い換えると、神さまに全面降伏していないのです。

本当に少しの勇気を出して真正面から向き合えば、見る見るうちに縮小して、消えてなくなります。

そして、「あの嫌な記憶こそが、自分自身に本当の慈愛と慈悲の心を気づかせてくれるための、メッセージだったんだ」と気づいたときに、はじめて「意識の転生」が起こるのです。

そこからは、まさに人が変わったようになります。

そのときに発信される光源は、とてつもなく大きなもの、強いものになります。

経営者が目指すべきところは、ここです。

右脳に歩み寄る慈愛と慈悲の最高経営学

右脳の人格である慈愛と慈悲のエネルギーによる経営を実践するためには、わたしたちの目に見えている人やモノや出来事は、実は、色や形など、存在しないということを深く認識することからはじめます。

目に見えている人、モノ、出来事（過去の記憶・未来の想像）は、すべて左脳の中にしか存在しないという事実を認識し、その上で、慈愛と慈悲そのもののエネルギーである「右脳の人格」に、いつでも自分の意志で歩み寄れることが求められるのです。

目に見える、人、モノ、出来事、そして、過去の記憶、未来の想像は、すべて、実態は「存在しない」ということを、根本的に認識する必要があるのです。

そして、この事実を左脳の人格が完全に認めたとき、はじめて右脳の人格が際立ちます。

右脳の人格が際立つと、いま、この瞬間に、すべてが慈愛と慈悲に満ち溢れた世界に一変します。

すべては宇宙のエネルギーと一体の存在であり、人と自分、他と自分の分離感はなくなり、一体であることを本能的に悟ります。

この状態を、仏教では「ニルヴァーナ」といい、キリスト教では「聖霊降臨」といい、ユング心理学では「集合的無意識」の顕在化と表現しています。

テイラー博士は、「右脳に歩み寄る生き方」と表現しています。

そして、経営者にとっては、

● お客さまにより大きな満足を提供し、幸せにする

- 従業員を物心両面で豊かに幸せにする
- たくさんの売上と利益を出し続ける
- 会社や事業を大成功させる
- 社長やオーナー、家族を最高に幸せにする

そのための、新しい経営学＝「慈愛と慈悲の最高経営学」として理解していただければと思います。

第4章

右脳に歩み寄る「慈愛と慈悲」の最高経営学

右脳の人格にシフトする

短期、中期、長期で計画する

あなたは、いま現金・預金がいくらあったら「何があっても平気だから、余裕です」と言えるでしょうか。

会社の現金・預金を2億円、個人資産を3億円持っている経営者が、「不安で不安で、しょうがない」と言っていました。「すぐになくなるんじゃないのか、あっという間に自分の元から消え去るんじゃないか」と、それればかり考えていたら、結果、その通りになったそうです。

自分が思考した通りに現実化するのです。心配したことが、そのまま、時間とともに現れただけなのです。

とにかく、資金がショートすると事業を続けていけません。

経営を長く続けていくためには、まず短期的には財務体質をしっかりと強化していかなければなりません。そのためには経営管理体質を確立して、試算表やキャッシュフロー表、決算書がいつでもきちんとタイムリーに作成でき、そして、それが数字として魅力的なものになっていなければなりません。

「純資産は結構いいね」「営業利益も出てるじゃない」

「現預金と売上高はちょっと少ないけど、なかなか有望だ」という状況になっていないと、急に資金が必要になったとき、だれがお金を貸してくれますか？

経営数字をつくっていくのは、税理士の仕事ではありません。経営者の仕事です。

次に、中期的には戦略を強化しなければなりません。商品戦略、営業戦略、人事戦略など、会社の戦略をしっかりと計画・遂行していかなければ、経営体質は良くなっていきません。

そして、長期的には教育です。人を育てていかなければ、会社を存続させることはできません。

ところで、これら短期、中期、長期の期間は、どのくらいで考えればいいのでしょうか。

大企業は、短期が3～5年、中期が5～8年、10年、長期になると、10年、15年、20年です。しかし、小さな会社は違います。小さければ小さいほど短くなります。短期は1～3カ月、中期は半年、長期は1年です。

小さな会社は大企業とは違って、「経営のダム」がないからです。大企業は、資金的にも人員的にも、余力があります。不足の事態が起こっても、すぐにつぶれたりはしません。しかし、小さな会社は簡単に潰れてしまいます。だから、危機的状況に陥らないように、先手先手で行動するしか生き残る道がないのです。のんびりと経営しているわけにはいきません。

「エネルギーの転換」こそ、最優先すべきもの

さて、会社を存続させるためには、財務体質、戦略、教育の改善が必要なのはどの

経営者もわかっていることだと思います。

しかし、この3つの改善に努め、一生懸命に経営のセミナーや経営塾に通って勉強を続けても、うまくいかないのは、なぜなのでしょう。これらの前にすべきことがあるからです。

それは、経営者と従業員の「エネルギーの転換」です。

一般的には経営改革を行なうためには、短期的には財務体質の強化を行ないます。中期的には戦略の強化、商品や営業、戦略マーケティングの強化を行ないます。長期的には人事、教育を強化します。

国に例えると、まず、経済の活性化を行なって財政を立て直します。次に、政治や行政を見直します。3番目に教育です。

個人も会社も国も、まったく同じです。

ただし、そこに抜けているのは、エネルギーの転換、意識の改革です。これがないのです。

すべて左脳中心の思考、システム、価値観が前提に立っているのです。したがって、改革がうまくいかないのです。

本当に改革をしたければ、短期・中期・長期の改革に着手するその前に、根本的なエネルギーの転換、意識の改革というものが、そこに存在しなければ、絶対にパッチワークになってしまうのです。

人生や事業を物心両面ですばらしいものにするためには、「左脳の人格」＝「エゴ」を見抜き、消し去り、「右脳の人格」＝「慈愛と慈悲のエネルギー」にシフトする必要があります。

あなたが自分の価値観、エゴグラス、ものさしで判断し、行動していては、分離するだけだからです。

「自分の常識」「自分だけの正義」は、自分のものさしです。「自分が正しいと思っていること」「こうあるべきと思っていること」、これらすべて、エゴなのです。

皆で「エゴを見抜き、エゴを消し去り、右脳に歩み寄る」ことで、慈愛と慈悲の人格に歩み寄り、判断し、行動をするのです。

判断と行動を、どちらの人格で行なうか、これが根底にあることをしっかりと叩き込んでいただきたいのです。

ここを本当に理解していただきたい。

エゴに支配されたままでは、誤った判断を下したり、言動や行動がおかしくなり、最後には、事業を継続することができなくなってしまいます。

エゴに支配されている経営は長続きしないのです。エゴは主観的です。客観性がありません。どこまで行っても自己都合なのです。

最初から「分離をしているエネルギー」で、すべて思考し、判断しているのです。「従業員が辞めてしまうんです」。それはそうでしょう。なぜなら「分離」しているからです。あなたがかけているエゴグラスは、分離のエネルギーなのですから。最初から、「自分と他人は別の存在だよ」と、「受け付けません」と言っているのに「なぜ従業員が辞めるのでしょう？」と言う。

いえいえ、だって最初から分離の工ネルギーを放っているじゃないですか。目に見えないけれど、いつも、「分離しましょう」「分離しましょう」と発信しているのですから。自分の分離のエネルギーと従業員の分離のエネルギー、価値観がぶつかり合っているのです。それではダメなのです。

人のせいにして、従業員が悪い、業界が悪い、世の中が悪い、時代が悪い、と他を恨んで、人生や事業がうまくいくわけがありません。

エゴに支配されたままでいいのですか？

「右脳の人格」＝「慈愛と慈悲の人格」「慈愛と慈悲のエネルギー」は、自分と他を分ける境界はありません。最初から融合しているのです。常に自分と他を同等価値として捉えています。

人、もの、出来事、情報に対して、常に感謝の気持ちでいっぱいです。反省はしません。反省する代わりに感謝します。

長きにわたって繁栄している会社の経営者たちは、みなさん、エゴグラスの色が薄い。本当にすばらしい、慈愛と慈悲にあふれた人たちです。

右脳に歩み寄る最高経営学とは

あなたの中には、究極のエゴイスト、ヒトラーがいるのです。

小さな会社の経営者が究極のヒトラーであっても、だれも文句や注意をしません。いや、言えないのです。

「社長、おかしいと思います」と言った瞬間、「何を！」となりますから。

自分のエゴがどんどん出ます。エゴに支配され、周りが見えなくなります。

打ち手も、指示することも、判断することも、すべてエゴです。

だから、戦国武将には黒田官兵衛がいたり、竹中半兵衛がいたり、諸葛孔明がいたり、参謀がついていたのです。あなたのエゴを見抜き、「殿、違います。こちらではありません」と、客観的に意見具申をしてくれる人を持っていたわけです。

最悪なのは、「あなたが言ったからやったんだ」と言い出すパターンです。エゴは責任転嫁するのです。

エゴに支配された人生は、苦難の道が待っています。トラブルが待っています。問題が尽きません。不安や心配が尽きません。後悔がつきまといます。

しかし、「右脳の人格」＝「慈愛と慈悲のエネルギー」にシフトをすると、その不安や心配は消えていきます。過去の後悔はなくなっていきます。他人の価値観とぶつかり合うことも、人や出来事を恨んだり、裁いたりすることはありません。自分を守ろうという防衛本能はなく、自分も他も、すべてを愛し、常に心の底から感謝でいっぱいになります。

そして今この瞬間、今日も働けること、今日も事業が継続できることに、ただ感謝の気持ちが湧き上がってきます。

分離のエネルギーから、「融合のエネルギー」に変わるのです。

その結果、人生も事業もすばらしくなっていきます。

人生や事業を根本的、抜本的に改革するためには、エゴを見抜いた上で、エゴを消し去り、「左脳の人格」＝「エゴ」から、「右脳の人格」＝「慈愛と慈悲のエネルギー」にシフトするしかありません。

これが右脳に歩み寄る、慈愛と慈悲の最高経営学の定義です。

「右脳に歩み寄る」方法

「右脳に歩み寄る」には、順序立てたステージがある

法人の人格を深い慈愛と慈悲のエネルギーである「右脳の人格」にシフトするためには、まず、経営者や従業員である個々人の人格が右脳に歩み寄る必要があります。

したがって、**図表8**のように、第1ステージから第10ステージの順で「右脳に歩み寄る」作業を行なっていく必要があります。そうしなければ、エゴに支配されたままの状態が続き、会社も人生も苦難の道が待っていることでしょう。

図8 「右脳に歩み寄る」方法

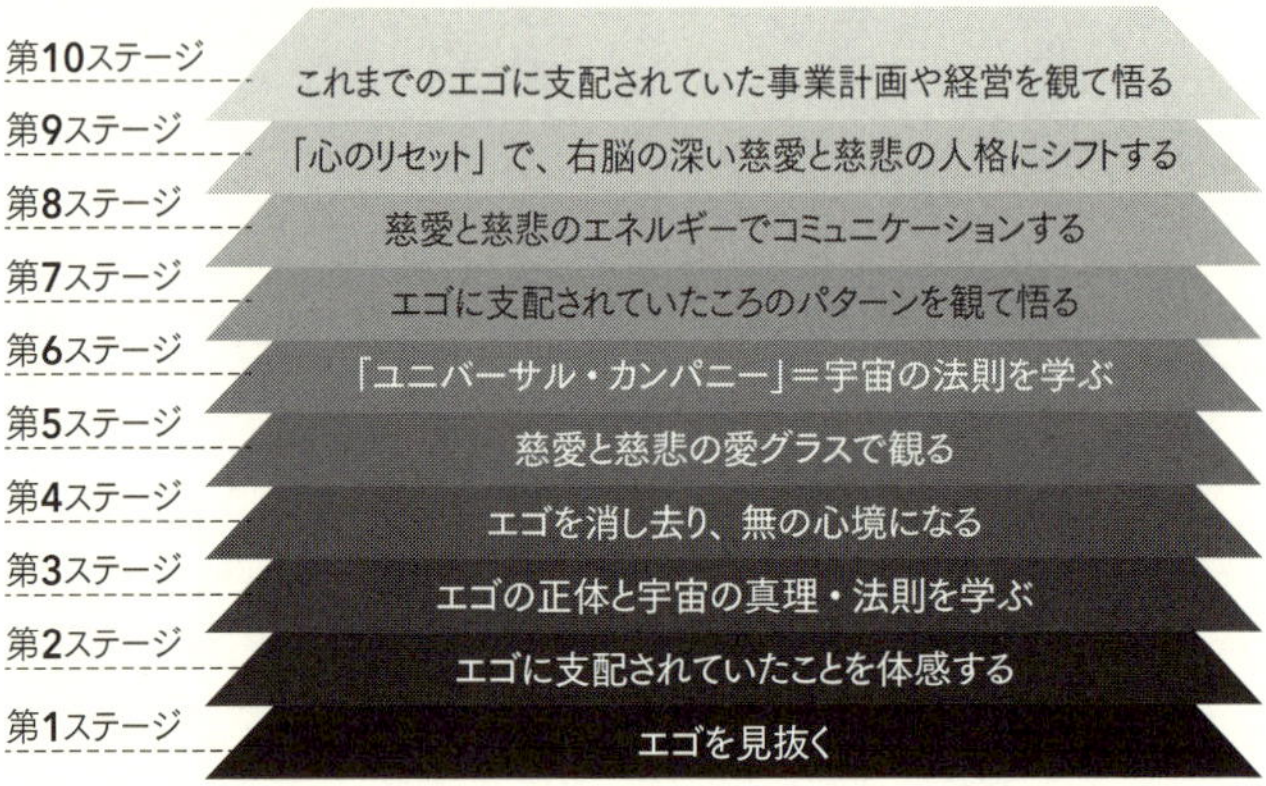

第10ステージ	これまでのエゴに支配されていた事業計画や経営を観て悟る
第9ステージ	「心のリセット」で、右脳の深い慈愛と慈悲の人格にシフトする
第8ステージ	慈愛と慈悲のエネルギーでコミュニケーションする
第7ステージ	エゴに支配されていたころのパターンを観て悟る
第6ステージ	「ユニバーサル・カンパニー」＝宇宙の法則を学ぶ
第5ステージ	慈愛と慈悲の愛グラスで観る
第4ステージ	エゴを消し去り、無の心境になる
第3ステージ	エゴの正体と宇宙の真理・法則を学ぶ
第2ステージ	エゴに支配されていたことを体感する
第1ステージ	エゴを見抜く

第1ステージ　エゴを見抜く

深い慈愛と慈悲の人格で、経営のすべてを行なうように、また、人生を送れるようになるためには、まず、エゴが自分というものを同一化して、エゴこそ、価値観こそ、自分だと言い張っているそれを、見抜かなければなりません。

「なるほど、こういうふうにエゴによって価値観がいっぱい形成され、ものの考え方、捉え方、こういう感情が湧いてくる、この状態こそが自分なんだと思い込まされていた」と認識し、「そうではない。エゴに支配されているんだ」と見抜くことが、まず最初です。

そのためには、右脳と左脳の機能の違いや人格の違いを論理的に学ぶ必要がありま す。そして、エゴの正体を知り、自分の中のヒトラーを探し出し、右脳に歩み寄る大切さを学ぶのです。左脳のエゴの人格に反発させないように、理論として学ぶのです。

第2ステージ　エゴに支配されていたことを体感する

エゴに支配されない人生、経営を実践するためには「右脳に歩み寄るしかない」ことを理論で学んだ後、「なぜ、これまでエゴにじゃまされて、素直になれなかったんだろう」と気がついたとき、はじめて「エゴに支配されていた」ことを体感します。「エゴに支配されていた」ことを体感しないかぎり、「エゴを消そう」という動機にはなりません。

この、「エゴに支配されていた」ことを、本当に腹に落とすくらい体感しなければ、「エゴを消す」というモチベーションが生まれずに、中途半端になります。

「エゴを本当に消したい」と深く、真剣に思ったら、一生懸命に消すはずです。そこではじめて、無の心境になり、いままで見てきたのは、すべて左脳が妄想しているだけで、実体はないいんだ。「色即是空　空即是色」の意味が、はじめてわかるのです。

第3ステージ　エゴの正体と宇宙の真理・法則を学ぶ

好きなものを見たときは、欲しい、自分のものにしたい、失いたくないという「貪（とん）」という欲、執着が出ます。

嫌いなものに関しては、「瞋（じん）」という、忌み嫌ったり、生理的に無理と思ったり、受け付けなかったり、差別したりする煩悩が出ます。

3つ目は、煩悩の中でも最悪と言われている「癡（ち）」という「無関心」の煩悩です。

無関心は、「自分のことしか興味がない」「他人は関係ない」「自分さえよければいい」となります。好きや嫌いは、まだ対象物に関心がいっているわけです。そうではなく、まったく興味がないのです。

母親や妻が苦労していようが、子どもがたいへんな目にあっていようが、同僚が苦しんでいようが、会社が赤字を出していようが、わたしは関係がない。わたしはこれだけのことをやっている。もらうものだけもらっていればいいんだ。

「癡（ち）」が煩悩の中でも最悪なのは、宇宙の真理・法則を知らないことです。

生まれてきた意味、目的、本当は、深い慈愛と慈悲のエネルギーであることに立ち戻って、その心で、インスピレーション、表情、思考、判断、言動、行動をするのが生まれてきた目的であり、愛と感謝で生きることが生まれてきた意味、目的、人生、天命なのに、それに気がつかないのです。

両親やご先祖や大いなる宇宙から授かった自分の個性・才能、DNAレベルの記憶、これにも気がつかず、訳のわからないことをやりたいとか、なりたいとか、欲しいとか、足りないとか、これは嫌だとか、頽落（たいらく）していきます。

まるで天に向かって唾を吐いているようなものです。

そのようなモノの真理・法則、宇宙の真理・法則を知らないということが、「癡（ち）」という最悪の煩悩なのです。

このことに気づいて欲しいのです。

第4ステージ　エゴを消し去り、無の心境になる

次に、その支配されているエゴのエネルギー（煩悩）を消し去ることをやらなければ、また、同じパターンを繰り返すことになります。

エゴを消し去ることを行なえば、無の心境に自ずとなります。

この先にはじめて、深い慈愛と慈悲のエネルギーが待っているわけです。

消し去ることができていないうちに「深い慈愛と慈悲だね」と言うのは、表面を言ってるだけで、まったく、そのような心境にはなっていません。

ザワザワするだけで、不安、心配、後悔、恨み、憎しみ、それに自分を守ろうとする言い訳が出てきている状態で、理屈だけ入ってもダメです。

自分に取り憑き、支配し、コントロールしているエゴの正体を見抜かないかぎり、消し去らないかぎり、無の心境にならないかぎり、その先はないのです。

ところで、エゴを消し去ろうとすると、エゴは罠を仕掛けてきます。

「こんなことを考えている自分は、卑しくて汚くて、卑怯で恥ずかしくて、だから考

えないようにする」「見ないようにする」「触れないようにする」という人がいます。

この状態を続けていると、エゴを見抜こうとしても「わたしは変なことを考えていません」「変な人間ではありません」と、取り繕うわけです。カモフラージュするわけです。これは最悪の状況です。

まず、「エゴに自分は支配されている」ということを認識し、「エゴは自分ではない」と理論的に納得することです。それでもエゴは消滅することを阻止し、何度も何度も戻ってきます。

「やっぱり、自分を優先してしまう」「やっぱり、こういう考えが出てくる」「やっぱり、あの人が嫌い」と、エゴを消したと思っても、何度も戻ってくるので、努力しても無理だと、諦めモードになるわけです。

理屈を知ってこうなると、自己嫌悪に陥ります。エゴの罠に陥ります。

エゴが消滅しないために、最後の抵抗である、大きな罠を仕掛けてきます。

このような状況に陥った場合は、どうすればいいでしょう。

簡単な話です。トイレと一緒で、すべて、宇宙に流すのです。

出てくるものはすべて、憎しみでも、苦しみでも、悲しみでも、さみしさでも、湧き上がってきた感情や思考を「また出てきた」と思ったら、思いっきり出して、それを宇宙に返すのです。「はい、返します！　ザー！」。

自分の中からエゴが出てくる、消せないことがよくないことだとわかっているから、隠すのです。出てくることはいいことだ、毒素はすべて出そう、宇宙にすべて流そう「ザー！」。また出てくる。「ザー！」と流す。

思い切ってエゴを吐き出す方がいいのです。エゴが出てくることを認められるか、認められないか。エゴを吐き出さずに溜め込んでしまうと、便秘と同様、ひどいことになってしまいます。

溜め込む一方では、血流もリンパの流れも悪くなり、免疫力も下がって、最後は病気になってしまいます。

このやり方を知っているのと知っていないのでは、大きな違いがあります。思い切ってエゴを吐き出すのです。

なお、エゴを消し去る方法は、いろいろあります。たとえば座禅を組んだり、写経をしたり、お堂の中にこもって修行をしたり。しかし、それらは時間も労力もかかりすぎます。わたしたちは、労力をかけずに短時間で、ペーパーワークという方法で、トレーニングすることを推奨しています。

第5ステージ　慈愛と慈悲の愛グラスで観る

無の心境になったら、エゴグラスから深い慈愛と慈悲の愛グラスに掛け替えて、いろいろなものを観ていきます。これも、最小限の労力と時間で効果を出せる、ペーパーワークを推奨しています。

観ていくものは何でしょうか。

まず、どのような人でも両親との関係性から見ていきます。これをやらなければ、他は観れません。

なぜなら、エゴがつくり出した価値観のいちばん根本は、両親との関係で形成されているからです。基準というのは、父親や母親が居ようが居まいが、関係性が良かろうが良くなかろうが、甘やかされていようが甘やかされてなく厳しく育てられていようが、どんなにすばらしい親であろうがダメな親であろうが、価値観のコアは、父親に対する過去の記憶、母親に対する過去の記憶で形成されているからです。

したがって、エゴグラスから愛グラスに掛け直して観るのは、まずは自分と両親との関係なのです。

繰り返しますが、すべての人間の価値基準、価値観の根本、コアは、父親、母親に対する人間関係の記憶、過去の記憶、自分にとっての真実の記憶でできています。ここにパートナーや子どもや友人、知人、学校関係、仕事、いろいろなものの記憶が、年々、上澄みされていくわけです。

したがって、外側からではなく、価値基準を形成している根本の記憶、両親に対する記憶に焦点を当てて、そこを観直していくのです。

エゴグラスではなく、深い慈愛と慈悲の愛グラスに掛け直した状態で、すべてが慈愛と慈悲だという捉え方で、自分にとってどんなに嫌な記憶も慈愛と慈悲で解読していきます。

この作業を父親、母親からはじめて、やがて外へ広げていきます。パートナー、子ども、兄弟、姉妹、恩師、友人、お世話になった人、あるいはイヤなヤツ、嫌いなヤツ、恨みを持っているヤツ、あまり興味がなかった人、徐々に外の世界へ広げて行きます。

最後は、両親やご先祖、そして大いなる宇宙から授かった自分の個性・才能まで目を向けていきます。

自分の個性・才能が100点満点だということに気づくのです。

さらに、このワークを繰り返し行なうことで、ついには自分が生まれてきた意味、人生の目的、天命、使命を悟るのです。

ここまでが、右脳に歩み寄るためのトレーニングです。これをペーパーワークで行ないます。

ところで、経営者にとっての仕事は、「人生そのもの、すべてだ」と考えている人が多くいるようです。違います。人生の一部にしかすぎません。人生には、職業と経済、社会と文化、家族と家庭、身体と健康、社会との関わり方、自らの教養を高める教育、趣味、娯楽など、多くの要素で構成されています。

仕事を通じて社会的評価が生まれます。健康でなければ、家族との関係が良好でなければ、また、文化的にも成熟していなければ、社会的には高く評価されません。

社会的評価の高い人は、多くの人を満足させる、あるいは感動させる、商品やサービスを世の中に提供している人たちです。

そして、その多くの人たちの満足や感動が、そのまま利益となって戻ってきます。

会社経営や職業、仕事は人生の中の一部なのです。仕事を含む人生そのものを心の底から幸せにするためには、人生の中心にあるものは「慈愛と慈悲のエネルギー」でなければならないのです。

あなたも、人生の中心にあるエネルギーをエゴから「慈愛と慈悲のエネルギー」にシフトしましょう。

第6ステージ　「ユニバーサル・カンパニー」＝宇宙の法則を学ぶ

ユニバーサル・カンパニーは、宇宙の無限大のコングロマリット企業です。

ユニバーサル・カンパニーには商社もあれば銀行も、広告代理店も、人材バンク、お見合いバンク、職業安定所、情報サポート業も、人脈紹介も、あらゆる産業があります。ベンチャーキャピタルも、個人投資家のエンジェルもいます。

そして、この宇宙銀行には、自分の預金口座も、アイデアの金庫も、技術の金庫も、情報の金庫も、すべてがあります。

京セラの稲盛会長が言う「宇宙のどこかに人類に叡智をもたらしつづける『知恵の蔵』がある」「心に描いたものが実現するという宇宙の法則」（『生き方』サンマーク出版）と同じ考えです。

シュタイナー教育で有名な、人智学を提唱したルドルフ・シュタイナー（1861～1925年）の言う「アカシックレコード」も同様で、「宇宙には、すべての設計図がある」のです。

この宇宙銀行からは、だれでも、いつでも、すべての財産を引き出せます。

ただし、マスターキーと暗証番号を持っている人だけが引き出せるのです。

マスターキーを受け取れる人は、慈愛と慈悲のエネルギーに目覚め、深い愛と感謝の心を持った人です。

ところが残念なことに、マスターキーを持っただけでは銀行の中に入って金庫の前まで行けたとしても、自分の開けたい金庫は開きません。

「心臓病の難しい治療のノウハウが入っている金庫」「社会を変えるほどのハイテクの設計図が入っている金庫」「現金が入っている金庫」「投資家情報が入っている金庫」。すべて金庫は違います。1個1個の金庫には、それぞれ異なった暗証番号があります。

その暗証番号を手に入れなければならないのです。

ポイントは、その暗証番号です。

「人々を救いたい」「人々を幸せにしたい」「世の中のお役に立ちたい」という強烈な情熱、強烈なエネルギーです。この強烈なエネルギーを放つことにより、暗証番号を手に入れることができるのです。

愛が自分や自分の家族だけに向けられているうちは、暗証番号は手に入りません。深い慈愛と慈悲のエネルギーの光源が強くなり、輝きを増すごとに、たくさんの暗証番号を「人や世の中のために活用してください」と、プレゼントされるのです。

第7ステージ　エゴに支配されていたころのパターンを観て悟る

エゴに支配されていたころのインスピレーション、表情、判断、思考、言動、行動は、どのようなパターンだったかということを、まず観て、悟りましょう。

要するに、エゴが自分自身や外界に対してどのようなことをやってきたか、自分の肉体に対して暴飲暴食や、運動不足など、どのような過酷なことをやってきたか、他人をどう傷つけ、差別し、自分勝手に振る舞ってきたか、と言うことです。

第8ステージ　慈愛と慈悲のエネルギーでコミュニケーションする

そして今度は、深い慈愛と慈悲のエネルギーで、自らのインスピレーション、表情、判断、思考、言動、行動を変えていくのです。相対物の中にある「深い愛のエネルギー」

に焦点を当てて、深い慈愛と慈悲のエネルギーでコミュニケーションをします。そうしなければ、未来は変わりません。

第9ステージ　「心のリセット」で、右脳の深い慈愛と慈悲の人格にシフトする

右脳に歩み寄るまでのステップができたら、心を深い慈愛と慈悲のエネルギーでいっぱいに満たしたの状態を常に、日常的にするために、「心のリセット」を行ないます。心を深い慈愛と慈悲のエネルギーでいっぱいに満たす状態を常にリフレインさせるのです。

ペーパーワークをしなくても、一瞬で、いつでも右脳の人格の状態に立ちもどれるようにします。

わたしたちは「心のリセット」を日常的に、だれでも簡単にできるように、「心のリセット・マニュアル」を活用したり、「CD」を聞くことを推奨しています。

第10ステージ　これまでのエゴに支配されていた事業計画や経営を観て悟る

「慈愛と慈悲のエネルギー」を経営に落とし込むには、まず、「経営理念」と「ミッション」を変える必要があります（図表9）。深い慈愛と慈悲の心で、会社や事業に魂を入れ込むのです。そして、「行動指針」をつくります。おそらく、多くの企業に優先順位のついた行動指針はないでしょう。そして、それを実践します。

実践するためには、絶対に「心のリセット」が必要です。リセットしなければ、右脳に歩み寄ることができずに、頻繁に左脳のエゴが出てきます。

そして、経営理念、ミッション、行動指針に基づいて、「ビジネスモデル」をもう一度、愛グラスで見ます。会社のルールやシステムもエゴグラスではなく、愛グラスで見ます。

「戦略ドメイン」「コアコンピタンス」さえも疑って、もう一度、エゴではなく、深い慈愛と慈悲の心で、自分たちの本当の戦略ドメインやコアコンピタンスは何かを見ます。

図9｜経営の体型フローチャート

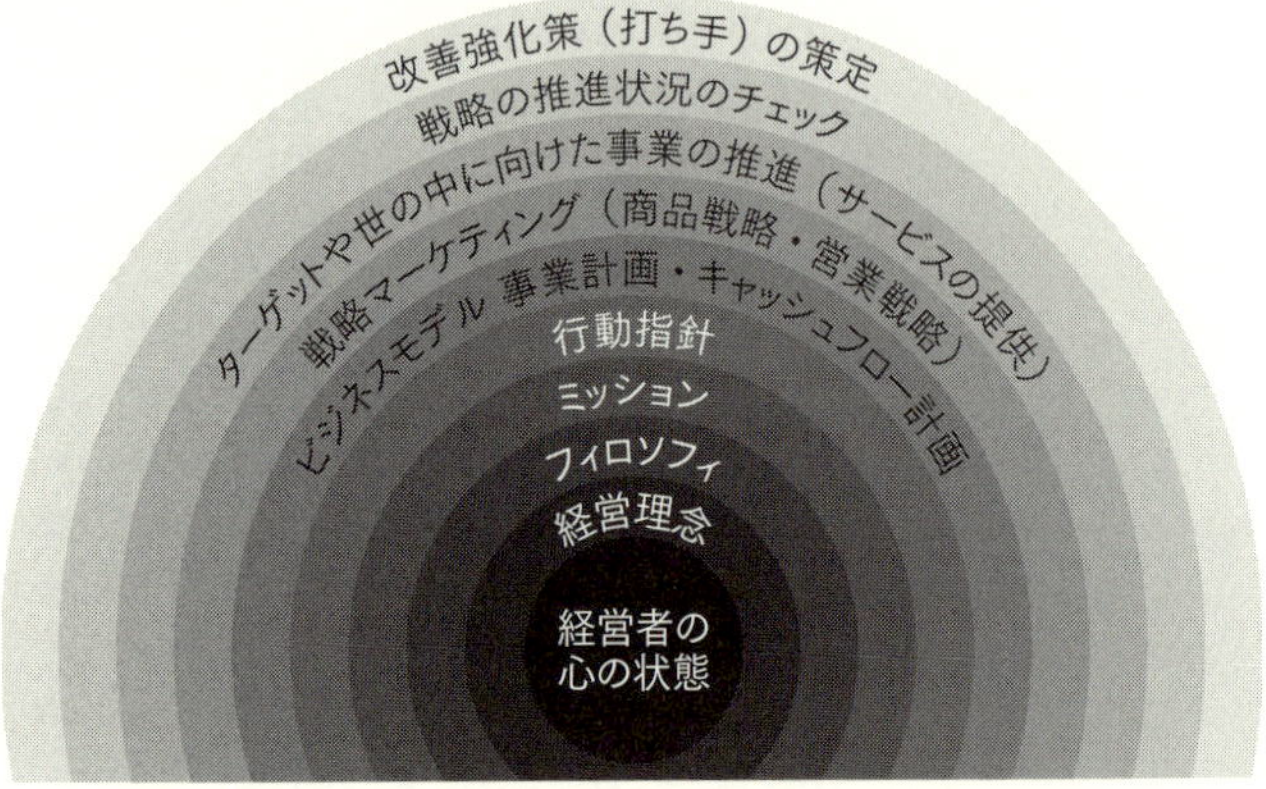

このとき、多くの経営者が、いまある戦略ドメインもコアコンピタンスも「違った」と気づくはずです。

なぜか。

あなたのエゴの「こうありたい」というエネルギーでつくった戦略ドメインやコアコンピタンスで、ほとんどの会社はできているからです。

自分はこういうのが「好きなはずだ」とエゴにコントロールされていると気づかずにつくったのです。

これまで疑わなかった自社の戦略ドメインもコアコンピタンスも、エゴが言っている可能性が高いのです。皆さんは、第5ステージの「両親やご先祖、そして大いなる宇宙から授かった個性・才能を知る」作業のときに、「わたしが生まれてきた意味は、こういうことだったんだ」と悟るはずです。

そこを悟ると、自ずと戦略ドメインやコアコンピタンスに落ちてくるはずです。自らの個性・才能が本当に活かされること以外はできないはずです。

戦略ドメインやコアコンピタンスさえも、もう一度、両親からもらった個性・才能に照らしてみてください。そして、間違い探しを行なってください。そのうえで、「ビジネスモデル」や「戦略マーケティング」「ブランディング」「広告宣伝」「人事（採用、教育）」「財務戦略」を、もう一度、すべてスクリーニングしてみてください。

目的連続型経営へシフトする

エゴによる目標志向型経営

左脳のエゴの人格による「目標志向型の経営」では、未来のあるべき姿、成功のイメージ、ビジョンを経営の目標として設定します。たとえば売上規模や利益、社員数などです。その目標を達成するための青写真を策定していきます。

この目標を達成し、成功のイメージを実現するための計画こそが事業計画書であり、キャッシュフロー計画書です。

アメリカ型の成功哲学では、「成功とは、自分自身が前もって設定した、自分にとって価値ある目標を一つひとつ実現していくことである」と定義されています。

まず第1段階として、人生の各分野で自分がどうなりたいかをメンタルブロックをはずし、自由に発想し、やりたいこと、なりたいものを思い描き、夢をリスト化するところからスタートします。

次に第2段階として、潜在意識に目標を刷り込みます。

その「夢のリスト」の中で、自分が本当に達成したい価値あるものを、燃ゆるが如く強い欲望を燃やし、その欲望を達成すべき価値ある目標として設定し、その実現・達成のために信念を強く持つように、毎日、潜在意識に自分の目標や「自分はできる」ということを刷り込んでいきます。

自分にとって価値ある目標・あるべき姿と、現状とのギャップを埋めることが成功の定義であり、捉え方です。

しかし、人生の中心にあるのは、自分の価値観、色眼鏡、ものさしにすぎません。

自分のやりたいこと、なりたいものを自由に思い描き、燃ゆるが如く強い欲望を燃やし、その欲望を実現・達成すべき価値のある目標として設定するという従来の成功哲学は、自己実現という「エゴ」をあおる手法といえます。

左脳のエゴのモチベーションには、2つの種類のものがあります。

ひとつは、エネルギーの低いモチベーションです。「自分にメリットがなければやりたくない」「評価されなければやりたくない」「どうせうまくいかない」「面倒くさい」「無理したくない」「責任は持ちたくない」「大変なことはやりやくない」。だって給料は一緒だから……。

もうひとつは、エネルギーの高いモチベーションです。「自分の夢を実現したい！」「いつか必ず見返してやる！」「絶対にあきらめない！」「好きなことをやりたい！」「こうなりたい！」「あれを手に入れたい！」……。高いエネルギーで自己実現を目指しています。

この2つ、共通項があります。主語が自分なのです。

「エゴ」というのは、自分、自分、自分です。自分がいちばんかわいい。自分が正しい。自分を守りたいのです。

行き着くところは、ヒトラーです。独裁者です。自分中心にしか発想しません。都合の悪いことはすべて、外罰的（自分の欲求不満の原因を外部に求め、他人を非難したり、外部の物や状況に対して攻撃反応を示す傾向）に発想します。

あるいは無罰的（欲求が満たされず思うようにならないとき、自分も他人も責めず、なんとか辻褄を合わせようとするさま）に発想します。

状況、環境、タイミングのせいにします。

これらはすべて、左脳のエゴが生み出す思考、発想のパターンです。

右脳はすべて内罰的（失敗したときや思うようにならなかったとき、攻撃を自分に向け、自らを責めるさま）に発想します。

左脳のエゴは、これを指摘すると、「自分ですよね」とすぐに反省をします。もしくは反発をします。しかし、左脳のエゴは反省しても、最後は絶対に認めません。

右脳は、反省をする代わりに、相手や出来事に対して感謝します。

右脳に歩み寄る目的連続型経営

左脳のエゴは、いつも目標に到達していない、足りないと思っているので、そのギャップを埋めようとします。仮に目標に達しても、あれが不安、これが不安と、いつまで経っても現状に満足できません。ずっとギャップを追い続けます。

しかし、右脳に歩み寄ると、心が軽くなり、すべての人への感謝の気持ちが現れます。そして、不安や心配が妄想だと気づきます。

つまり、エゴが消えると感謝しか出てこなくなるのです。

今日も感謝、明日も感謝、明後日も感謝。売上げが上がったことに感謝。今日は暇だったことに感謝。今月は売上げが下がったことに感謝。従業員が辞めたことに感謝。自分に足りないところを教えてくれたことに感謝。ショックなことが起こったことに感謝。ギャップがあって、エゴがやっているんだということを気づけということを教えてくれたことに感謝。病気になったが、健康管理が足りてないんだと教えてくれたことに感謝。

毎日ずっと感謝でいっぱいだったら、従業員が経営者を見たときに「愛のかたまりみたいな人だ」と思いませんか？

その逆で、「いつもイライラしてるな」と思われていませんか？

「この瞬間がいつも感謝です」「ありがたい、最高に幸せです」という感覚をずっと維持していく経営を、目的連続型経営と言います。

常に感謝の連続です。深い慈愛と慈悲の連続です。自分と他を分け隔てなく、すべてに感謝を毎日続けていく経営です。

左脳のエゴの人格による目標志向型経営から、右脳の慈愛と慈悲の人格（エネルギー）による目的連続型経営への究極のパラダイムシフトによって、今までの常識であった左脳のエゴの人格で行なっていた経営では考えられなかった劇的な経営改革が実現できるのです。

人間に取り付く不完全なエゴの価値観から、宇宙の真理に基づく絶対価値にパラダイムシフトをする必要があるのです。絶対価値へのシフトです。

右脳の慈愛と慈悲の人格（エネルギー）による目的連続型の経営では、基本概念として未来という考え方はありません。また、成功のイメージやビジョン、あるべき姿というものも存在しませんし、設定もしません。

なぜなら、経営や事業の究極の目的は、「今、この瞬間、この場での、慈愛と慈悲の実践」だからです。

この究極の目的を実践するために経営者や事業に関わるすべての人が、日々一瞬ごとに「心のリセット」を行なうことで、右脳にシフトし、「慈愛と慈悲のエネルギー」を顕現させていきます。

そして、「慈愛と慈悲」のエネルギーで経営していくことこそが、経営の真の在り方だからです。

「目的連続型の経営」はシンプルです。そして、強く、ブレることがありません。

右脳に歩み寄る慈愛と慈悲の最高経営学としての「目的連続型の経営」では、会社の理念・ミッション・行動指針はもちろんのこと、商品戦略や営業戦略、そして経営管理までの経営のすべてを「慈愛と慈悲」で企画し、実践していくだけなのです。

経営者の心が「慈愛と慈悲のエネルギー」に目覚めると、その瞬間にすべては完全・完璧な世界へと一変し、深い愛に満たされ、感謝しかなくなります。

経営者が、目指すべき成功は未来にはなく、今、この瞬間に、すべては完全・完璧だということに気づきます。何かが不足しているとか、思わなくなります。

経営者が何かを目指さなくても、「日々一瞬ごとに慈愛と慈悲を実践する」という「事業・経営の本当の目的」をいつでも完結しているのです。瞬間ごとに完結し、それが連続しているのです。

一瞬ごとの慈愛と慈悲の実践という目的が、永続的に連続していくのです。「目的連続型の経営」のモチベーションは、「人や世の中を豊かに、幸せにしたい！」「人や世の中のお役に立ちたい！」「人や世の中に慈愛と慈悲を表現したい！」「すべてに感謝！」という、慈愛と慈悲のエネルギーになります。

こちらでは、主語が「人や世の中」「皆」になるのです。自分と他の境界はありません。自分が豊かになる前に、従業員や関わるすべての人を豊かにしたいとなります。

これが、右脳に歩み寄る慈愛と慈悲の最高経営学の原点であり、真理です。

経営の体型フローチャートで全体像を確認する

図表10は「経営の体型フローチャート」です。大企業から中小零細企業まで、経営はこのフローで動いています。

いちばん上にある上位概念は「経営理念」です。経営者が経営活動を通じて実現しようとして抱懐している信念、信条、理想のことです。

「フィロソフィ」（組織の哲学）や「ミッション」（組織の目指す方向、使命）、「優先順位付きの行動指針」（仕事を進めていく上で忘れてはならないこと）があり、これらがその会社の「魂」と言われているところです。あるいは「人格」と言われているところです。

図10｜経営の体型フローチャート

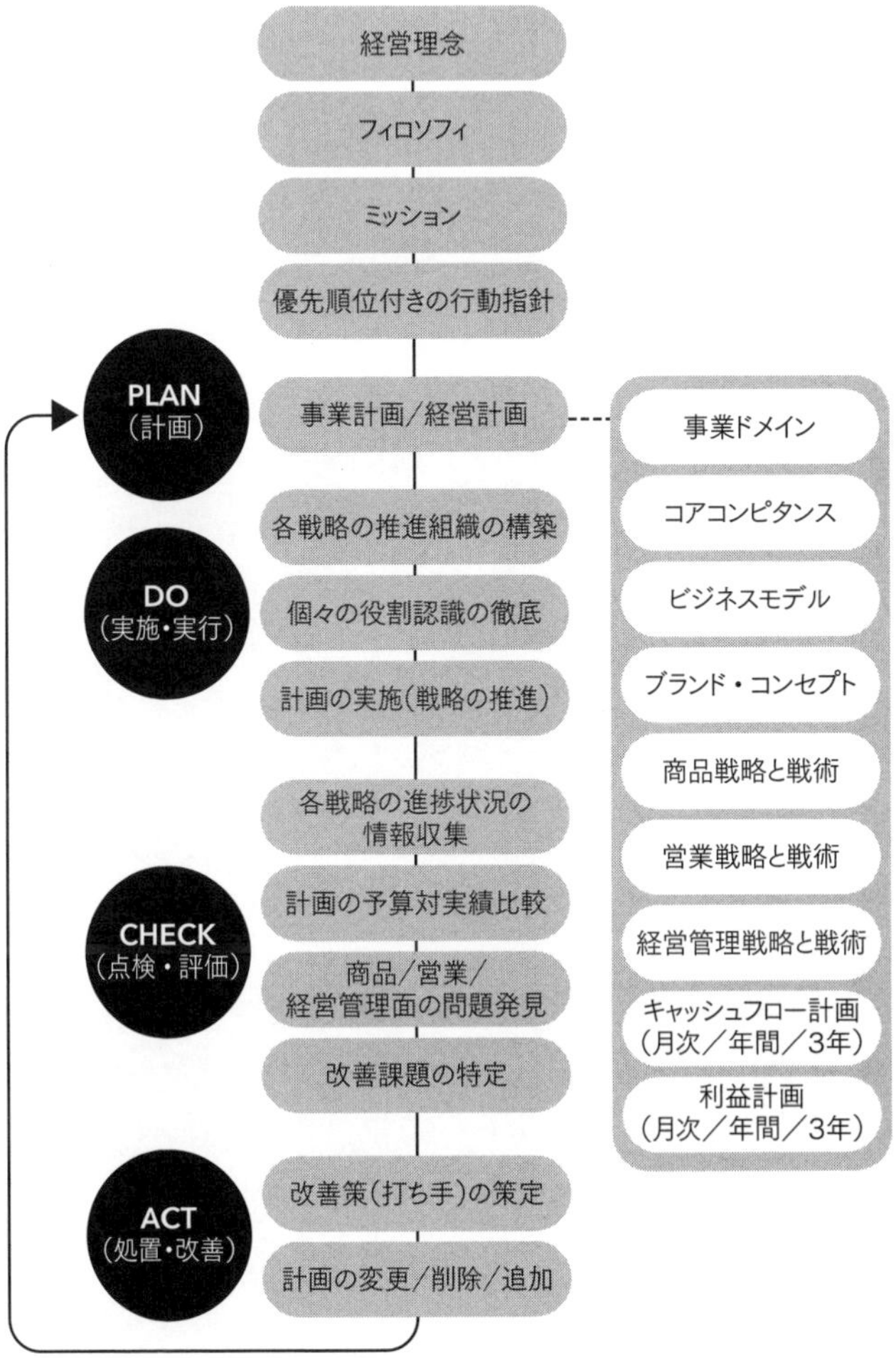

続いて「事業計画／経営計画」があり、その中身は次のようになっています。

- 事業ドメイン
- コアコンピタンス
- ビジネスモデル
- ブランド・コンセプト
- 商品戦略と戦術
- 営業戦略と戦術
- 経営管理戦略と戦術
- キャッシュフロー計画（月次／年間／3年）
- 利益計画（月次／年間／3年）

図表11は、「経営の体型フローチャート」を円グラフにしたものです。

真ん中にあるのは、経営者の心の状態です。経営理念、フィロソフィ、ミッション、

図11｜経営の体型フローチャート

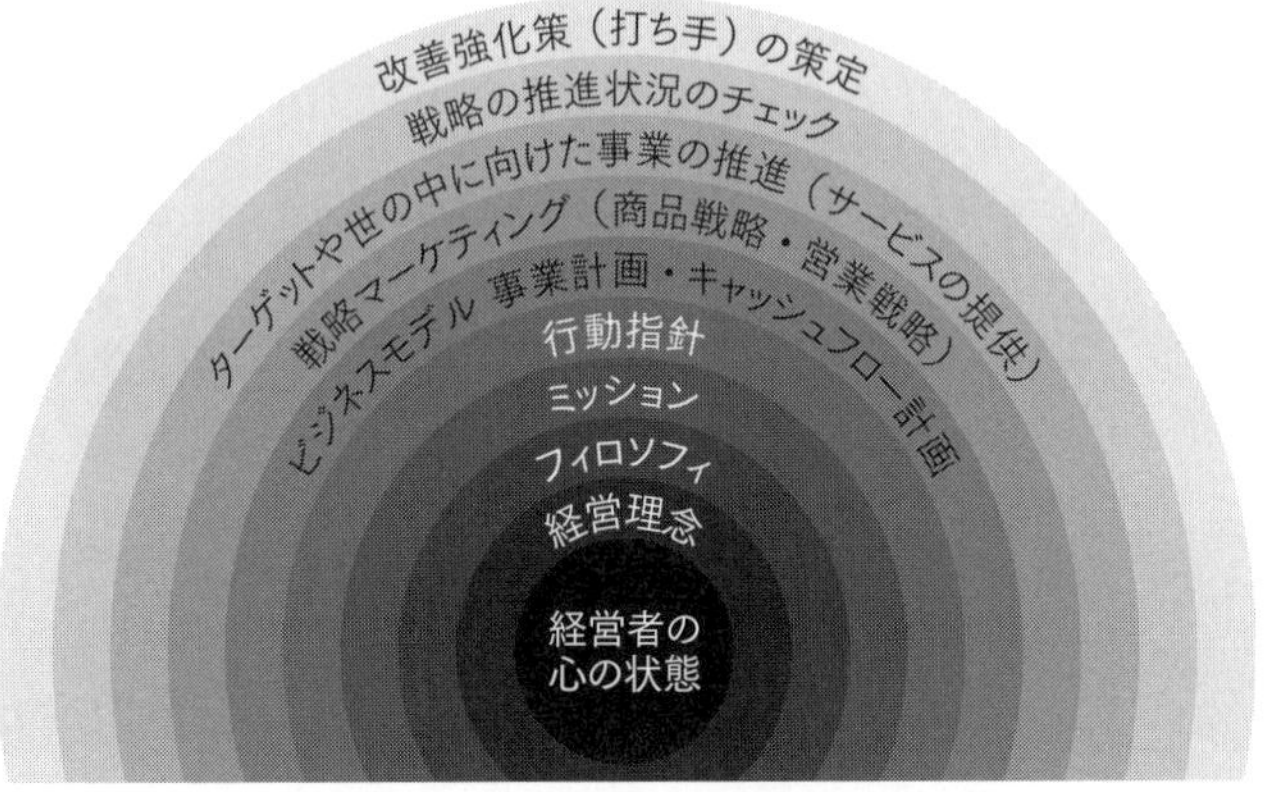

行動指針に魂を入れ、計画に慈愛と慈悲を入れ、商品（製品やサービス）や営業のあり方に慈愛と慈悲を表していく。会社が慈愛と慈悲でできていくエネルギーの流れです。

原点は、すべて経営者の心です。

経営者の心の状態が、「左脳の人格」＝「エゴ」に支配されていたら、その後のすべてに影響を及ぼしてしまいます。その後のすべてが変わってしまうのです。

魂が入っているのか、入っていないのか。経営者の心が不安と心配で凝り固まっているのか。あるいは深い慈愛と慈悲でいっぱいなのか。

それが末端にまで、サービスの質、お客さまへの挨拶、従業員との関係性、すべてに影響していきます。

エゴの妄想で計画を立てても、分離のエネルギーでしかありません。エゴ計画になるのです。分離計画になるのです。結果として失敗してしまうことは、最初から決まっています。

そうなると、従業員が不幸です。関わるすべての人々が幸せになれません。それほど、経営者の心の状態が「慈愛と慈悲の心」の状態でいることが重要なのです。

第5章

右脳に歩み寄る
最高経営学　実践

「経営理念」「ミッション」

「経営理念」とは、経営活動、あるいは事業を展開する「目的」そのものです。「目標」ではありません。

「ミッション」とは、その会社が何をするために存在するのかという「存在意義」そのものです。目指すべき方向性、いったいどの方向を向いて何をするために我々は存在するのかを表したものです。

多くの中小企業の場合、「経営理念」も「ミッション」も掲げていません。仮に掲げているとしても、よそのマネ。だから心が入らない。形だけのものになる。したがって、そこにエネルギーは存在しません。

「経営理念」「ミッション」という標語には、深い慈愛と慈悲のエネルギーが言語化され、言霊（ことだま）として事業の核となるべきなのに、言語だけがひとり歩きし、肝心な深い慈愛と慈悲のエネルギーが存在しないのです。

「経営理念」「ミッション」の作成にあたり、経営コンサルタントに「経営危機に陥ったとき、経営判断に迷いが出たときに、何をすればいいか、具体的にわかるものでないとダメですよ」と問われたら、経営者は一生懸命に知恵を絞って頭で考え、他をマネして「うちは○○です、△△です」と、うまくつくり上げる経営者はいるでしょう。

そして、その「経営理念」「ミッション」を社員に伝え、ホームページに表現する。

しかし経営者の心の状態は、「儲けたい」とか、「潰れないように必死で、とにかく売上げを上げたい」とか、エゴのエネルギーがいっぱい詰まっています。

「お客さま第一主義」を「経営理念」や「ミッション」に掲げながら、自分のことを心配し、守ることを最優先に考えている経営者を本当に多く見てきました。従業員や世の中は、そんな経営者の心を見抜いているのですが、そのことに経営者自信が気づいていないのです。

形だけの「経営理念」「ミッション」を打ち出したとしても、実態がそうでなければ、そこに根付いていなければ、反作用が起きるのです。

なぜナチスドイツはユダヤ人虐殺に走ったのか

ナチスドイツ時代の国家の理念が何だったかは、紐解かなければわかりませんが、おそらく選ばれた民としてのアーリア人の繁栄、物心両面の豊かさだったと思います。「優れている我々が選ばれた世界のリーダーであり、その邪魔をする異文化や他の勢力は排除する」という選民思想のもと、「ユダヤ人は、皆、いなくなればいい」と、腕に物を言わせて、武力で排除したのです。多くのドイツ国民が、ユダヤ人虐殺を黙認するか無関心を装ったのです。

目的（理念）の「自分たちが幸せになる」ために、「他を犠牲にしてもいい」というミッションになっていったのです。

このように、エゴのエネルギーで「経営戦略」や「ミッション」を掲げると、いくらすばらしい言葉であっても、実は、どこまでも果てしなく破滅の方向に向かっていくのです。

つまり、掲げている「経営理念」と経営者の心の状態、意識の次元、エネルギーがまったく反対の状態だと、磁石のように反作用が起きるのです。

それがいま、多くの企業で起こっています。

まず、「すべてのものに生かされていること」を悟る

そもそも、どんなに美辞麗句を並べ、難しい言葉で「経営理念」「ミッション」を掲げたとしても、「自分が存在している原点」を知らないわけですから、そこに、エネルギー、魂が込められるはずがありません。

では、「自分が存在している原点」とは何でしょう。

まず、自分はすべてに生かされている、宇宙の森羅万象に生かされているということを悟ることです。

そして、自分が生まれてきた目的であり、生まれてきた意味は、「自分と宇宙の森羅万象は、大いなる永遠のエネルギーとして、ひとつの命であること。すべては慈愛と慈悲であること」に気づくことです。

さらに、その「気づき」を、自分の周りの人や世の中に返す、あるいは表現して伝える、つまり、慈愛と慈悲の心を実践するということです。「慈愛と慈悲」のエネルギーを、自分の表情や言語、行動、立ち居振る舞い、仕事に乗せて人に伝えるのです。表現、実践するのです。

これが生まれてきた目的です。人生の意味なのです。

そしてこれが、経営理念の原点なのです。

圧が強い経営者ほど反作用が大きい

ナチスドイツの例のように、目的（理念）がエゴだったら、ミッションは、エゴを実現するための指標になるのです。エゴ実現のためのスローガンになるのです。

毎日、このミッションやスローガンを唱和していると、どんどん自分の潜在意識に落ちていく。潜在意識が記憶するのです。

潜在意識に「言語」として蓄積され、その言語に対する個人の捉え方、受け取り方、感じ方は、「観念」になっていきます。その人の価値観というエゴグラスになっていきます。

頭でっかちになっていく。でも実は「目的すらわかっていない」ということになるのです。

左脳の人格は、自分はミッションをちゃんと打ち立て、確立し、それに向かって努力し、進んでいる、すばらしいことをやっていると、勘違いするわけです。

立てたミッションに対して、「これだけ頑張っているのだから、報われないはずはない」と、「左脳の人格」＝「エゴ」は、そう信じて、真面目に、一生懸命がんばります。

やはり、経営理念を打ち立てる前、言語化する前に、すべての始まりは、生まれてきた意味、自分の原点を知ることなのです。

それを知らなければ、「経営理念」も「ミッション」も、ない方がマシだと思います。

「いやぁ、よくわかってないんです」と言った方がましかもしれません。

文字化して、毎日がんばって朝礼などで唱和をすればするほど、「観念」がどんどん膨らんで、「価値観」というエゴグラス（色メガネ）の色が、どんどん濃くなるわけです。

そうなると、経営者は理想とする「経営理念」や「ミッション」のイメージを一応は持っていますから、自分のものとは違う「自分以外のもの」を裁く基準にします。

これが厄介なのです。

だから、「わたしはもう大したことないですから。皆の力ですよ」「助けてくれ、皆。わたしひとりでは何もできないから」と言っている経営者の方が、よほど成功するのです。

「うちの経営理念はこうだ。ミッションはこうだ。どうして、お前はやらないんだ！」「皆、こっちを向け！」と、価値観が出来上がっている経営者で、力があればあるほど、反作用が大きいのです。

力というか、圧（あつ）でしょうか。

圧が強ければ強いほど、反作用が大きいのです。

エゴのミッション、スローガンが会社を滅ぼす

　ところが、圧が強くても、いいこともあります。圧が強いほど、反作用が早く返ってくるのです。

　それも、大いなる宇宙からのメッセージとして、「あなた、違いますよ」と、教えてくれているのです。

　逆に圧がない経営者は、リーダーシップを発揮しないので、従業員から友だちのように軽んじられ、反作用は起こらないかもしれませんが、従業員のエゴ、従業員の価値観、従業員のエゴの常識が、そのままその会社に蔓延してしまうのです。

　目的（理念）も不在、進むべき方向性（ミッション）も不在、仕事を進めていくうえでのグランドルールである行動指針も不在。

　ただエゴで、自分たちの好みで、好き嫌いで仕事をやっているだけ。

　烏合の衆です。

　この状態が何を生むかというと、永続的な繁栄はなく、慢性的な赤字の会社に陥り

ます。

一方、強烈な圧がある経営者の会社は、一時期は一点突破します。強烈な圧で引っ張っていく。その圧は、ナチスの武力による統制のように、カネの力、あるいは言語の力、あるいは雇用しているという立場。経営者という特権があると勘違いしているのです。これらを前提に、圧をかける。

ところが、大いなる宇宙から「あなた、間違ってますよ」というメッセージが、まもなく来ます。たとえば病気をするとか、判断を間違えて売上げが下がるとか、従業員が離職するとか、あるいは大手が事業に参入してくるとか、ライバルが増えるとか、何かが起こり、一気に総崩れします。

この何かが起こるのは、大いなる宇宙からの「いまのやり方は間違ってますよ」というサインなのです。

しかしエゴの人格は、そのサインを「慈愛と慈悲のメッセージ」ではなく、「悪いことが起こっている」としか受け取らないのです。恐怖なわけです。受け入れたくない。逃げたい。何とかしたい。

ジタバタし出します。すると、さらに最悪なことが、次から次と起こってきます。そこで「あっ、間違えていたんだ」と方向転換を、パッと行なえば良いのに、そうではなく、ジタバタし出すのです。

エゴは、諸手を挙げて降伏しないのです。

ましてや「信念を強く持たなくてはいけない」という価値観を持っている経営者、あるいは「根性が大事だ」と信じてきた経営者たちは、往生際が悪い。

だから、長引きます。犠牲者が増えるだけです。

破傷風になって、足がどんどん上の方まで腐ってきているのに、「オレは切りたくない、オレは切りたくない」と言って、気がついたら、もう、命まで取られるというパターンは、これです。

自分の中のヒトラーを認め、慈愛と慈悲のエネルギーを表現する

「自分の中にヒトラーが、本当にやばいヤツがいるんだ」ということを、どれだけ真剣に自覚するか。

自分の中に自分のことしか考えない、ヒトラーと同じエゴが存在することを、まったく自覚していない。

自覚していないから、無関心です。だから無感動です。

見抜かれたくない。

認めたくない。

左脳のエゴが「それは、わかってるって」と、自分をダマしている。

皆、エゴ自体が自分だと思っていますから。

そこが厄介なのです。

経営理念は、わかりやすくシンプルに、だれもが覚えられる短いキーワードで表せるものです。

慈愛と慈悲に気づき、その慈愛と慈悲の心を言葉や行動、態度、仕事に表現し、人や世の中を喜ばせる、感謝する、お役に立つということだけに焦点を絞って表せるのです。

「行動指針」

心をリセットして「慈愛と慈悲のエネルギー」で行動する

「行動指針」とは、仕事を進めて行くうえで、皆が共通して守るべきグランドルールです。そして、行動指針には必ず、優先順位が必要です。優先順位付きの行動指針がなければ、経営理念もミッションも絵に描いた餅になります。

この行動指針には「行動」という言葉にはなっていますが、「行動」の前に「心」が大事なのです。その心をリセットしなければ、行動に慈愛と慈悲のエネルギーが入りません。

つまり、「左脳の人格」＝「エゴの人格」から、「右脳の人格」＝「慈愛と慈悲の人格」に自分でシフトすることを、まず、仕事を進めて行くうえでのグランドルールのいちばん最初にしなければなりません。

すべてにおいて、まず心をリセットして「右脳の人格」＝「慈愛と慈悲の心」にシフトすることを大前提にしなければ、健康管理や安全性、礼儀礼節、マナーの徹底、チームワークや、プロとしてのスキルを使った仕事や、生産性をあげる、効率を高めるという行動指針を、すべて左脳の人格、すなわち「エゴの人格」でやることになるのです。

そうなると、必ずどこかに瑕疵が出てしまうのです。

エゴの人格とは、どれだけ頑張って知識を蓄えて観念を形成しようが、物知りになろうが、どこまで行っても不完全な人格なのです。もっと言うと不調和です。

なぜならば、自分と他を明確に区別する概念、分離のエネルギーだからです。

分離のエネルギーの会社は、長期戦に耐えられない

「エゴ」＝「価値観」は、自分と他人は別物、自分の所属しているチーム、組織、自

分の家族、自分の会社、自分の国と他は違うという「区別するための基準」を設定します。

さらに「エゴ」＝「価値観」は、不調和、分離のエネルギーです。

不調和、分離のエネルギーがベースになっている経営理念やミッション、行動指針の会社の従業員は、長期戦には耐えられません。

どういうことでしょうか。

たとえば、ある会社では、職場の中は巨大なステージなので、「ステージに一歩足を踏み入れたら、いっさいの私情は持ち込まない」という行動指針を設けています。

では、職場から出たときは？

従業員たちの、さまざまな私情が渦巻いているわけです。

企業の本当の役目が「関わるすべての人の物心両面の豊かさ」であれば、これはおかしくないでしょうか。

「ここにいるときだけはステージなんだから、私情はダメだよ」

左脳の人格の堅実さ、真面目さを逆手にとったギミック（仕掛け）です。

「ここにいるときだけは、最高の良い顔をしてね、あなたはこの役なんだから」と言うと、左脳は「そうか、役だからしょうがない」と言ってステージの上で演じようとします。

しかし、職場から出たときは、心が病んでいるわけです。

あるいは、賃金が低いので、物心両面で豊かにならないけど、職場にいるときだけは、皆でそのルールに乗って、左脳が自分をダマし、演じているから、その演じているときだけ、ちょっと幸せ感がある。

職場内にいるときは、ごまかしているわけです。少しの幸福感を得るために依存しているのです。

でも、ごまかしている中で、本当にそこで働いている人が、生涯、物心両面で豊かになるかと言うと、絶対にならない。だから、長期間はその職場では働けないのです。

経営者にとって、従業員がすぐに辞めてしまう、入れ替わる、長く続かないのは困ります。

なので、職場から出たときも物心両面で豊かにするために、この行動指針の1番最初に大前提として、「左脳の人格から右脳の人格に、まずシフトする」ことからやらなければならないのです。

もし、やらなければ、その後の健康管理や安全性、礼儀正しさとかが演技になってしまいます。

演技ではダメです。心の底から本当に幸せでなければ、物心両面で豊かでなければ、長期戦には耐えられません。

ロジスティックスという考え方（兵站思想）があります。本当のロジスティックスの原点は、ここです。物資救援の前に心が折れたら、兵士は使いものになりません。したがって、絶対に折れない心が求められます。右脳に歩み寄った人は心が折れようがありません。だから長期戦に耐えられるのです。

物心両面で豊かになる行動指針にする

本当に企業の役目が「関わるすべての人が物心両面で豊かに」「心の底から幸せに」というなら、行動指針の優先順位の1番に、とにかく、「心をリセットしてエゴを消し去る」「右脳の人格に歩み寄って、慈愛と慈悲のエネルギーで心をいっぱいにする」ことを設けることです。

これが大前提でなければ、錯覚の世界で、見せかけの多幸感を味わっているだけです。もっと言うと、演技によって一時的に幸せな気持ちになる方法は、夜の飲み屋に行ってちょっと幸せな気分を味わっているオヤジと一緒です。

それよりは健全かもしれませんが、根本は変わらないと思います。

24時間、365日、どこを切っても「いやぁ、最高だ！」「本当に幸せだ！」と言えないと、心の底から豊かとは言えません。

「戦略ドメイン」「コアコンピタンス」

強みを生かした土俵で戦う

「戦略ドメイン」とは、組織が経営活動を行ない基本的な事業展開領域のことをいいます。戦う土俵のことです。

「コアコンピタンス」とは、競合他社を圧倒的に上回るレベルの能力であり、競合他社に真似のできない核となる能力のことです。

ビジネスの仕組みをつくる、事業の中身を考えるにあたっては、自分の得意な戦いの土俵を選ぶでしょう。たとえば、バドミントンが得意な人はバドミントンのコートを選ぶ、将棋の得意な人は将棋盤の上を選ぶ、空手の得意な人は空手の道場を選ぶ。皆、バラバラです。

似たところであっても、サッカーだったらサッカー場、フットサルだったらフットサル場。微妙に違います。

それは、慣れ親しんだ戦いの土俵で、自分の強みであり、真似されないもの活かしてビジネスを組み立てなければ、勝ちようがないからです。

さて、あなたの会社は何業でしょうか。今の時代、〇〇業と一括りにしても、成り立ちません。たとえば美容業。駅前に何店舗ありますか？　東京の表参道ではないエリアだって、何店舗ありますか？

このお店は、どういうブランド・コンセプトで、何が得意で、どういうデザインを売っていて、どういう接客の美容室なのか、地域の人たちは、そのお店ごとの違いを理解しているでしょうか？

大きな括りで、「美容室だ」という認知だけではないでしょうか？

お客さまには、全部のお店が一緒に見えていると思いませんか？

まずお客さまは、カットが高いお店か、安いお店かを、お店の看板を見て選別するでしょう。

料金が同じだったら、お店がきれいかどうか、新しいかどうかで判断するでしょう。センスがどうかも見るでしょう。ウッディな感じか、ハイテックな感じか、モノトーンか、ヨーロピアンか。内装の好き嫌いで判断するでしょう。

次に、「中で働いている人が楽しそうだなぁ」とか、「お客さまが入っていないなぁ」とか、「掃除が行き届いていないなぁ」とか。

お客さまは、そのような感じでしか見ていません。どのお店もこれといった決め手がないのです。

どのお店も差別化ができていないし、どうしてもこのお店でなくてはダメだというキラーコンテンツもない。

これが、さまざまな産業で起っている現象です。

あなたは戦いの土俵を、はっきりと決めていますか？

その土俵で、周りとは違う自分の強みを活用できる仕組みになっていますか？

たとえば、大企業がクジラだとすると、小さな会社は、磯部で泳いでいる小魚です。小さな魚には小さな魚が泳ぐ土俵があります。クジラは入ってこれません。逆に、小さな魚は大海原に行った瞬間に、エサになりませんか？

あなたの戦う土俵は、どこですか？　あなたの強みは何ですか？

事業は環境適応業である

「商売」と「事業」は違います。商売とは、欲しい人にタイムリーに提供し、利益を生み出す行為です。１度の売り買いでも商売は成立します。一方、事業とは、継続して積み重ねていく経済活動です。

あなたが行なっているのが事業だとするならば、継続させなければなりません。

景気が良くなったり悪くなったり、近くにパワーセンターができたり、駅の改装工事で人の流れが一気に変わったり、事業を取り巻く環境は、常に変わります。

その環境の変化に適応して、アメーバのごとく変態していくのが、事業のあるべき姿です。その中で、すべての関係者の物心両面を豊かにする、幸せにするのが事業の目的です。

結果は、アプローチの仕方で決まる

事業を継続させるよう、このとき、「左脳の人格」＝「エゴの人格」にアプローチした戦略ドメイン、コアコンピタンスでスタートするのか、「右脳の人格」＝「慈愛と慈悲の人格」の人格でスタートするのかによって、結論は最初から決まっているのです。

「左脳の人格」＝「エゴ」は、分離のエネルギーです。「右脳の人格」＝「慈愛と慈悲の人格」は、融合のエネルギーです。

融合のエネルギーにアプローチする事業は、分離の仕様がないのです。

分離のエネルギーにアプローチする事業は、最初から分離しているので、メリットを共有できなくなった瞬間に、一瞬で離れていきます。

たとえば、1000円カットのお店に行っているお客さまは、ワンコイン500円カットのお店ができた途端、そちらに移るでしょう。より安いというメリットを提示してくれたところに、簡単に移動するのです。

つまり、「左脳の人格」＝「エゴの人格」に、損得で訴えかけたアプローチは崩壊するということです。メリットを感じなくなった段階で分離が始まり、すぐに破綻するのです。

ストーリーはいろいろあるでしょう。しかし、結論は、スタートの段階で決まっているのです。

どんなにカモフラージュしても、結果は見えています。

高い給料で集めた従業員は、もっと高い給料のところが出てきた段階で、すっと転職してしまいます。

経営者の「心の状態」が、エネルギーの原点

事業のコアは、経営者の「心の状態」です。それがエネルギーの原点です。

経営者のエネルギーが左脳の「エゴ」のエネルギーだったら、いずれ従業員はいなくなります。

最初から、関係性を持った瞬間から、いずれメリットがなくなった瞬間に分離するというエネルギーなのです。

「左脳の人格」＝「エゴの人格」＝「分離のエネルギー」は、メリットがあるうちは協力するわけです。関係性がなんとか成り立つのです。しかし、たいへん危うい関係です。

「右脳の人格」＝「慈愛と慈悲の人格」で、深いところに響かなければ、永続きしません。

事業は金儲けではありません。深い慈愛と慈悲を表現し、実践するのが事業の意味です。

何とか事業を継続させるために守ること、経費を下げること、節税することしか考えない経営者が、本当に多くいます。

そうではなく、人を感動させること、人の右脳の慈愛と慈悲の人格が共感し、共振することを考えなければ、最初から分離です。お客さまと融合するわけがありません。

「わたしはオーナーと80歳までずっと一緒に働きたいです。だってオーナーは、ものすごく慈愛と慈悲が深くて、実践しているから、わたしはそこが好きなんです。一緒にやらせてください」

この従業員にとって、メリットは関係ありません。会社や事業の状態がどん底になっても辞めないでしょう。

あなたは、深い慈愛と慈悲の実践ができていますか？

「ビジネスモデル」

成功を信じて起業する

「このアイデアは、大企業もやっていないし、競合はいない。これだったら身の丈に合っているし、よく知っている環境だ」

「ここは競争優位性が確保できるから勝負に出よう。競合が脅威になるまで少なくとも5年や10年はかかるだろう」

新規事業に出て行こうとする経営者や世に出て勝負しようという起業家たちは、そこにビジネスの可能性、成功する確率を感じて起業するのだと思います。

これらのビジネスモデルをつくるときに、多くの人が自分の持っている後発的なスキル、知識とか技術というものをベースにしてビジネスモデルをつくります。ところが、起業のときから失敗するか成功するかの答えは決まっています。

ビジネスを10年とか20年とか30年とか、どのスパンでみるかということは別として、中にはそこもわかったうえで、「いやいや、10年間保てば御の字」「いやいや6〜7年で株式公開（ＩＰＯ）して売り抜けたらそれでいい」「ＩＣＯで資金調達したら、後はどうなってもいい」と、ビジネスはマネーゲームだと完全に割り切っている経営者もいます。

しかし、事業の目的、経営の目的は、「関わるすべての人を物心両面で豊かに」することです。すべての人を心の底から本当に幸せにするんだということを、経営や事業、人生の目的として置くならば、その短距離ランナー的なやり方というのは、関わる人に確実に迷惑をかけてしまいます。

たとえば、売り抜けたのはいいけれど、その方法が株式公開ではなく、ＭＢＯ（マネジメント・バイアウト）を行なって、事業の永続性（ゴーイング・コンサーン）をまったく考えない、とりあえずいまはいい格好をして「事業はこのまま継続して、どんどん伸びていきます」という、外面を整えた状態で数字をつくり込んで売り渡して、後は知らん顔。

あるいは、意図的に民事再生をするようなケースもあります。

あるいは、後発的なスキル、知識や技術というものを頼りにして、「これがあるから成功するんだ、だから起業したんだ」と自分のビジネスモデルを盲信しているケースもあります。

右脳による経営の「成功の定義」

ところで、成功の定義とは何でしょうか。

多くの経営者の本音は、「これをやったら世の中がアッというんじゃないか」「すごいと言われるんじゃないか」「成功者と言われるんじゃないか」「金がザクザク入ってくるんじゃないか」「財産が築けるんじゃないか」あるいは、「利益がずっと継続して入ってくる仕組みができて、自分の人生が安定するんじゃないか」、などでしょう。

みなさん、いろいろな理由で起業をするのですが、ここでもやはり、左脳のエゴの人格の成功の定義と右脳の慈愛と慈悲の人格の成功の定義はまったく違います。

左脳のエゴの人格は、あらかじめ自分がこうなりたいという欲望を目標に変えて、これをひとつずつ実現していくことが成功だというでしょう。

「金を儲けたい」「すごいと言われたい」「ちやほやされたい」「何かをやり遂げたという自分に対する自信も持ちたい」、あるいは「志を立てて、それをひとつずつ実現していく自分がとても好きだ」「お金が入って自由に何でもできるようになりたい」「見返してやりたい」「安心したい」「不安を取り除きたい」……

これらはすべて、エゴによる不安や心配からくるもので、エゴの本質です。

なぜならば、エゴは本当は存在しない不確かな存在だから、その存在を確かなものにしたいので、不安や心配というものを常に抱えているのです。

そして、その不安や心配を、エゴは自分と同一化させることで消滅することを防いでいるのです。これが「エゴ」の特徴です。

この「左脳の人格」＝「エゴ」が生み出した一見立派な「目標」「志」「ポリシー」が、

自分は正しいという価値観を形成しているのです。

「エゴ」は、この目標や志をひとつずつ実現していく努力が正しいことだと思い込んでいるので、目標を一つひとつクリアしていくことを、まったく疑っていません。

そして、わたしたちはそのひとつも疑っていない「エゴ」の思考を自分だと思わされているのです。

「宇宙の法則」から外れていないか

そもそもスタート時点から宇宙の法則と外れています。

ドラッカー教授や多くの成功者が語っている「関わるすべての人を物心両面で本当に豊かに、幸せにする」「幸せな状態を日々一瞬ごとに実践する」ことに反しているわけです。

後発的なスキル、知識・技術というものがなければ、もちろんビジネスモデルというのは生まれません。しかし、この後発的なスキル、知識・技術を活用する前に、絶対的にやらないといけないことがあるのです。

それは、エネルギーの転換です。これを無視して行なうと、経営理念と同じで、エネルギーの転換なき後発的スキルの知識・技術の活用は、「ヒトラー」やナチスドイツと同じような結果になってしまいます。

エネルギーの転換がない場合、エゴが生み出す欲や目標や志やポリシーをひとつずつ実現していくと、「分離」を実践することになります。分離のエネルギーを日々実践することになります。したがって、結果は必ず崩壊することに決まっているのです。

もちろんビジネスモデルにおいて、コア・コンピタンスや戦略ドメインは大事です。そこに勝算があることをちゃんとわかったうえで起業することは事業の成功確率を高めるためには重要です。

しかし、起業、あるいは新規事業を展開するのにいちばん大事なことは、経営者や事業に関わるすべての人々の「心の状態」＝「エネルギー」の転換であり、関わるすべての人、従業員や従業員の家族、株主、取引先、お客さま、地域、世の中、地球環境というものが、すべてよろこんでくれる、求めてくれる、本当に感謝してくださるというものがビジネスモデルの根幹になければ、わざわざ時間をかけて分離を実践していくことに資金と労力を使うことになるのです。

エネルギーの転換と、関わるすべての人が物心両面で幸せになるか、心の底からよろこんでくれるというものがなければ、スタートの段階で、「宇宙の法則」に則った成功の定義からは真逆のエネルギーでスタートすることになるのです。

「エゴ」の産物になっていないか

真逆のエネルギーでスタートするわけです。

だから、スタートの時点でその新規事業や新会社は長くはもたないということがわかるのです。例え良いところまでワーと行っても、バーンと落ちるのです。

それは落ちるという言い方よりも、宇宙からすると揺り戻しなのです。歪んだエネルギーを正しく直してくれるという深い愛なのですが。

ビジネスモデルでいちばん理解しておきたいのは、そこです。

欲や目標、あるいは反発心や恨み、ハングリー精神から生み出されたビジネスモデルは、いずれ、ひとつずつ、時間とともに分離のエネルギーを実践して、崩壊に進んで行きます。

ヒトラーに支配されていないか、スクリーニングをする

エネルギーの転換もなく、エゴが生み出すアイデアや思いつきに、自分の個性、才能がかけ合わさったら。その個性、才能が類い稀なる企画力や応用力だったり、集中力だったり、行動力や実践力だったり、スピードだったり、人を説得する話術だったり、「ヒトラー」と同じような特徴を持っていたら……。

周りの人々は、情熱を持って演説するあなたのアイデアを「もしかしたら儲かるんじゃないかな」と勘違いして、そこに巻き込まれる人が出てくるかもしれません。人を幸せにすることなんか1ミリも考えてなくて、儲けることとか、これをやったらすごいんじゃないかとか、そんなことばかり考えて企画した会社はどうなるか。

エゴは左脳を使って、さもありなんという理屈を後付けしてきます。「これは世の中のためにこういうふうになる」「だからゴーイング・コンサーンがある」「投資をする価値がある事業です」と、皆を「そうかもなぁ」という気にさせます。

右脳に歩み寄るトレーニングを行なったことがない人々は、皆、もちろん左脳のエゴで考えていますから、エゴがエゴに共感、共振して、結果、大きな不幸を生んだり、社会問題を起こしたりします。

エゴのエネルギーから生まれたアイデアは、ナチスドイツと同じ結果が待っています。それゆえに、「またヒトラーが出てるんじゃないかな？」と、必ず疑わなければなりません。

思いついたアイデアをもう一度、エネルギーの転換をしてスクリーニングをかけたときに、「これは自分の会社ではやらずにお客さまの会社にアイデアをわけてあげたほうがいいな」とか、「これは自分ではなくて、○○さんにやってもらったほうが適任だな」とか、宇宙の法則に従った、あるべき姿がそこで出てくるはずです。

スタート時点でヒトラーが出てきたとしても、1度、エネルギーの転換をやることで、間違い探しができるようになります。

エネルギーが「ヒトラー」なのか、「慈愛と慈悲」なのか、どちらのエネルギーで事業を営むのか、目標ありきの目標志向型経営ではなく、目的連続型のビジネスモデルになっていれば、最初から成功することが約束されているし、そうではない場合は、どんなにうまく行ったように見えても、必ず分離のエネルギーを実践して行くことに他ならないので、結果は崩壊しかありません。

ビジネスモデルでいちばん大事なことは、このことを知っているかどうかです。

エゴは必ず出てきます。したがって、出てきたエゴをエネルギー転換して、スクリーニングして、欲や不安、心配、コンプレックスによって出てきたアイデアの間違い探しをして、修正すればいいのです。

意識の次元が同じ人しか集まらない

エゴのエネルギーであっても、上場まで行くケースもあります。その場合は、社会の公器となり、多くの人や企業が経営に関わるようになります。

その結果、会社は、経営者の独断や勝手なエゴの経営判断ができないように、たとえばコーポレイト・ガバナンスやコンプライアンス、あるいは株主総会、取締役会などで、がんじがらめにして、ルールによってエゴが縮小せざるを得ない状態になっていきます。創業者は変わらずにエゴの人格のままですが、組織のルールや運営システムによってエゴが「猛威」を発揮できなくなるのです。

そういう意味では、上場して監査法人が入り、コンプライアンスやガバナンスなどがうるさく言われているのはいいことだと思います。

しかし、創業経営者が株のほとんどを持っている会社は、経営者自身は意識しなくても、エゴは勝手に暴走しますから、必要以上に気をつけなくてはいけません。

崩壊してしまう会社に関わるすべての人は、なぜその会社に縁があったかというと、その人たちも同じレベルのエゴに支配されているケースがほとんどです。意識の次元が同じ人しか集まりません。必ずその意識の次元に応じた人しか集まらないのです。

これも宇宙からしてみると、「はい、答えですよ」と見せてくれているだけなのです。「間違えましたね」「健康を害しましたね」「お金がなくなりましたね」「信用がなくなりましたね」と言って、教えてくれているだけなのです。

「戦略マーケティング」

顧客の右脳が求めているものを理解する

「マーケティング」とは、ドラッカー教授は『断絶の時代』（ダイヤモンド社）の中で、次のように定義しています。

マーケティングは顧客からスタートする。顧客の現実、欲求、価値から始まる。「われわれの製品にできることはこれである」ではなく「顧客が価値ありとし、必要とし、求めている満足はこれである」という。

マーケティングが目指すものは、顧客を理解し、製品とサービスを顧客に合わせ、おのずから売れるようにすることである。

マーケティングの神様と言われるフィリップ・コトラー教授は、「ニーズに応えて利益を上げること」と、『コトラーのマーケティング・マネジメント ミレニアム版』（ピアソン・エデュケーション）の中で、このような短い言葉で定義しています。

さて、右脳に歩み寄る慈愛と慈悲の最高経営学で「マーケティング」の意味を捉えたとき、あなたのターゲットとするお客さまは、「左脳の人格」＝「エゴの人格」と「右脳の人格」＝「慈愛と慈悲の人格」、どちらの人格が何を求めているのかを理解する必要があります。ターゲットにはどちらの人格もあるのですから。

左脳の人格は、安さかもしれません。便利さかもしれません。右脳の人格は、何を求めていますか？

「右脳の人格」＝「慈愛と慈悲の人格」は、世の中が平和で、皆が物心両面で豊かで、幸せで、健康であってほしいと、心から願っています。

「左脳の人格」＝「エゴの人格」は、自分だけ幸せになれればいいと思っています。会社を守るためには従業員が犠牲になっても仕方がないと思っています。「会社があってはじめて従業員を守れるのだから」と思っています。

自分の家族は大事だけど、隣の家族のことは無関心です。幼稚園に行くと自分の子どもがいちばんかわいいと思い、他人の子どもには無関心。

左脳のエゴは、差別主義です。ユダヤ人を根絶しようとしたナチスドイツの差別思想と、幼稚園に行って「やっぱりうちの子がいちばん」というのと、心の根底にあるものは、何も変わりません。

右脳の心は、すべてに感謝です。左脳の心は、何か自分にとって得があると感謝です。非常に俗物的です。

お客さまも、2つの心を持っているということを、忘れないでください。

そして、どちらの人格にアプローチするかで、あなたの人生も、従業員の人生も、会社の将来も、恐ろしいことに、最初から決まっているということです。

分離のエネルギーにアプローチをすると一時期はメリットでくっつきますが、メリットがなくなると、すぐにパッと分離するのです。

愛し続けてもらえるか、最初のアプローチで決まる

コトラー教授は、「マーケティングとは経営そのもので、消費者に自社を愛してもらうことが最終ゴール」と、『コトラー&ケラーのマーケティング・マネジメント 第12版』（丸善出版）の中で表しています。

コトラー教授はすばらしいことを言っていますが、それはあくまでも左脳の人格にアプローチした結果の最終的な目的であって、右脳に歩み寄る慈愛と慈悲の最高経営学では、違います。

「愛してもらう」ことが最終ゴールではなく、はじまりから一貫して永続的に「愛し続けてもらう」ことがマーケティングの目的です。

「自社を愛し続けてもらえるかどうか」は、最初から決まっているのです。慈愛と慈悲の心でスタートしなければ、最終的には分離で終わるからです。

従業員やお客さまの右脳の人格＝深い慈愛と慈悲のエネルギーが「共感、共振、共鳴、感動」できる戦略ドメイン、コアコンピタンス、ブランド・コンセプト、商品（製品やサービス）を、最初から用意し、適切にアプローチできているかどうかによって、お客さまから自社が愛し続けてもらえるかどうかが決まるということです。

世の中はエゴが生み出す不完全な価値観でできています。経済界も、政治も、行政も、エゴで身構えた人たちが集まるので、争いが絶えません。そこでは常に分離が行なわれているのです。

しかし、強い融合のエネルギーのまわりには、エゴとは真逆の「慈愛と慈悲」でいっぱいの心の状態の人たちが集まります。

あなたは、どちらにアプローチをしたいですか？

お客さまの3つの心のメカニズムを理解する

「商品戦略」とは、お客さまに本当に喜んでいただける、満足していただける、必要としていただける、求められる商品（製品やサービス）を研究開発し、販売することです。

そのためには、お客さまの心を本当に理解することが絶対条件です。

お客さまの心は3つあります。

①顕在的な「こうあるべきだ」という優等生的なの心

②自分ではコントロールできない過去の記憶と感情でできている、潜在意識の魔物のような心

③右脳に眠っている、慈愛と慈悲の心

この、お客さまの3つの心のメカニズムを知らずに、どうやって商品（製品やサービス）を研究開発（R&D）し、提供することができるのでしょうか？

潜在意識の欲や煩悩、損や得、不安、心配につけ込んで商品（製品やサービス）を提供するのですか？

それとも、右脳の人格の深い慈愛と慈悲にアプローチして、本物の商品（製品やサー

ビス）を提供していくのですか？

結果は、最初から決まっているのです。

事業の最大のカギを理解する

「営業戦略」とは、販売を行なわなくてもお客さまの方から商品（製品やサービス）を買い続けていただける仕組み（＝営業構造）を構築することです。

図表12は、営業戦略として活用する仕組みです。

マスメディアに広告を出す。右脳の人格、左脳の人格、どちらの人格にアプローチしていますか？

既存の商品（製品やサービス）に比べて、「こんなに便利です」「こんなに効果があります」「こんなにおいしいでしょ」「今ならこんなに安いでしょ」と、比較して購買意欲を高めるのが比較広告です。

これらすべての比較広告は、お客さまの左脳にアプローチしています。「左脳の人格」＝「エゴ」に働きかけ、あおっているのです。

図12｜営業戦略として活用する仕組み

- マスメディア（TV／新聞／ラジオ／雑誌）
- エリア媒体（タウン誌）／ピンポイントマーケティングメディア
- ホームページ／ブログ／フェイスブック／ツイッター
- youtube
- ブロガータイアップ
- 店舗の立地
- 看板／ウィンドウディスプレイ
- パンフレット／リーフレット／カード／DM／チラシ
- 口コミ紹介システム
- メンバースクラブ制度
- イベント／SHOWやキャンペーン
- WEB広告／SEO対策／バナー広告

etc…

どちらの人格にアプローチするのか、それが事業の最大のカギになります。

あなたの会社の商品（製品やサービス）を、はじまりからずっと「愛し続けてもらう」には、どうすれば良いか、ここまで読み続けたあなたは、すでにわかっていると思います。

売り手側の人格は、どちらなのか

さて、お客さまのどの人格にアプローチすれば良いか、ここまで多くのページを割き、何度も説いてきました。

しかし、お客さまの慈愛と慈悲の心へのアプローチだけでは、お客さまに「愛し続けて」は、もらえないでしょう。

売り手側がどちらの人格でお客さまにアプローチするかが重要なのです。

お客さまの慈愛と慈悲の心に、エゴの心でアプローチするのは、詐欺師です。オレオレ詐欺のパターンです。

売り手側が慈愛と慈悲の心でなければ、お客さまの慈愛と慈悲の心には伝わりません。したがって、「愛し続けて」は、もらえないのです。

まずは、売り手側であるあなたが、右脳に歩み寄り、慈愛と慈悲のエネルギーで商品（製品やサービス）を提供することです。

「ブランディング」

どのような組織、集団か認識してもらう

「ブランディング」とは、コトラー教授は、「個別の売り手もしくは売り手集団の商品やサービスを識別させ、競合他社の商品やサービスから差別化するための名称、言葉、記号、シンボル、デザイン、あるいはそれらを組み合わせたもの」と定義しています（『コトラー&ケラーのマーケティング・マネジメント 第12版』丸善出版）。

さて、お客さまは、あなたの事業や会社を、どのような組織、集団だと認識しているでしょうか。

ブランドと品質はイコールではありません。品質がまったく同じか優れていても、

ブランドのパワーで負けることがあります。

ブランドは心の連想です。イメージが浮かばなければ、選ばれません。

だから、キービジュアルやキャッチコピーが重要になるのです。

あなたの事業のブランド・コンセプトやキーワード、キャッチコピーは、お客さまの右脳の人格と左脳の人格、どちらの人格にアプローチしていますか？

永久に不完全な価値観にアプローチするブランディング

お客さまの左脳の人格にアプローチするブランディングを行なうと、結果は分離だということは、すでに理解していただいたと思います。

ここで、左脳の人格をおさらいします。

「エゴ」＝「価値観」です。

「価値観」とは、過去の自分にとっての真実の記憶と、そのときに受けた感情の積み重ねでできたものです。

これに、体験はしていないが、人から聞いたり何かで読んだり、見たり、勉強した

「知識」が相まって「観念」ができ、それが、その人固有の「エゴグラス」になるのです。

左脳の人格は後付けのニセモノなのに、これが自分だと思い込んで生きてきたのです。本当の自分は、右脳の深い慈愛と慈悲のエネルギーなのに、左脳の計算高くて自分をいちばんに守ろうとするエゴのエネルギーが自分だと思い込んできたのです。

「エゴ」は、自分とエゴは一緒だと、同一化させようと必死です。

なぜか。元々、エゴの自分は架空のものだから、過去の思念、いわば妖怪のようなものだから、宿主に取り憑いて、「これが自分なんだ」と思い込ませようと必死になるのです。

だから「エゴ」が生み出した「価値観」が自分だと刷り込んでいくわけです。そして、右脳の本来の人格が出てこないようにするのです。

左脳の人格と右脳の人格は、光と陰と同じです。したがって、左脳の「価値観」が出ているときは、右脳の「深い慈愛と慈悲の心」は出てきません。右脳の「深い慈愛と慈悲の心」が出ているときは、「価値観」は吹っ飛ぶわけです。

「お金じゃない、損得じゃない、お客さまが喜んでくれると幸せなんです。だって愛がすべてだからです。それでいいのです」

このような心の状態のときは、左脳のごちゃごちゃした考えは吹き飛んでなくなっているのです。

左脳の人格か、右脳の人格か、どちらかのスイッチがオンのときは、もう一方はオフの状態です。

ほとんどの経営者は、残念ながら左脳に支配されている時間があまりにも長い。したがって、不安で心配で、後悔、恨み、憎しみ、人を信じられず、自信がない状態が長く続くのです。

「エゴ」自身も自信がありません。なぜなら実態がないからです。

ここで言う「価値観」とは、左脳が生み出す「エゴ」の「永久に不完全な価値観」です。損得が気になったり、善し悪しを自分の都合で線引きして、分けます。

右脳の悲哀と慈悲の人格は、全部がひとつの命ですから、悪と正義などいないわけです。

宇宙の絶対価値に対してアプローチするブランディング

右脳の人格にアプローチするブランディングは、「すべては愛、すべてはひとつの命」だという、宇宙の永遠不滅な絶対価値に対して行なっていることになります。

何があっても、慈愛と慈悲としてしか受け取らない人格に対してアプローチしているのです。

右脳の人格は、すべての人が同じものを持っています。左脳の人格は、すべての人が違うものを持っています。70億人いれば、70億種類あるのです。

その中をグルーピングして、「安いのが好きな人」をダーゲットにしたブランドもあれば、「豪華なのが好きな人」をターゲットにしたブランドもあります。これは、エゴの煩悩（欲や好き嫌い、無関心）に対してアプローチしているわけです。

ブランディングとは、人間の「エゴ」に対してアプローチしている技術です。

もっとわかりやすく言うと「いやしい心」に対して「あなたたち、これ欲しいんでしょ？」と言ってるのと同じです。

「安いでしょ」の上の「さらに安いでしょ」は、あるでしょう。

「豪華でしょ」の上の「さらに豪華でしょ」は、あるでしょう。

永久に不完全な価値観に対してアプローチするブランディングは、最初から分離が待っています。

これがブランディングの正体です。

ただし、ブランディングにも、宇宙の法則に従った「右脳のブランディング」「慈愛と慈悲の最高経営学のブランディング」があります。

それは、元々「右脳の人格」＝「慈愛と慈悲のエネルギー」という絶対価値にアプローチしていくブランディングです。

宇宙の法則に従った絶対価値ですから、それ以上の価値は、この世にはありません。

「広告宣伝」

伝えたい中身はあるのか

「広告宣伝」とは、不特定多数に対する非人的コミュニケーションで、特定の商品（製品やサービス）の購買行動を起こさせることを目的としています。

また「広告宣伝」は、相手の関心を引くようなキャッチコピー、表現方法、表現手段、表現形態、言葉遣いタイミングがカギとなります。

その際、最も重要なのは、次の3つです。

● 何を伝えるのか

- だれに伝えるのか
- いかにして伝えるのか

あなたは、何を伝えたいですか？

「やはり新規のお客さまが欲しいです」「もっと集客したいです」「そのためにはどんな広告がいいでしょうか？」

永遠の課題のように、経営相談に来られたクライアントのみなさんに聞かれます。「では、広告で何を伝えますか？」と質問すると、「う〜ん」。そこで終わってしまいます。

お客さまの右脳の人格にアプローチできる「経営理念」や「ミッション」がなければ、伝えるメッセージがないのです。伝えようがないのです。

「お客さま、買ってください」「来てください」とお客さまの左脳にアプローチしても、結果は分離です。

伝えたい中身がないので、既存のプラットフォーム（雑誌などの媒体）にお金を出して、その媒体の価値に乗って宣伝するしかないのです。

では、右脳にどのようにアプローチすればいいのでしょうか。

商品なのか、想いなのか、コンセプトなのか、サービスの中身なのか、ホスピタリティのすばらしさなのか、お客さまの右脳に伝えたいメッセージがあるはずです。

SPCの法則で、ロイヤルスタッフとロイヤルカスタマーをつくる

ロイヤルスタッフとロイヤルカスタマーをつくる法則があります。

「ロイヤルスタッフ」とは、左脳のエゴで、損得で行ったり来たりとブレたり、辞める辞めないとか、いきなり来なくなったりとか、無責任に訳のわからないことをやったりだとかしない、本当に会社の経営理念やミッション、行動指針に対して忠誠心の厚いスタッフのことです。

苦しいときも、悲しいときも、暇なときも、競合が出て来て危機に陥ったときも、給料をあまり出せないときも、休みが取れないときも、「一緒にやりますよ！」と言ってくれる精鋭部隊のことです。

このロイヤルスタッフが、長く経営を行なって来ても、なかなかできないから、あなたは苦労しているのだと思います。

ロイヤルスタッフも、ロイヤルカスタマーも、経営者からみると同じくお客さまです。あなたは、「ロイヤルスタッフ」と「ロイヤルカスタマー」をつくりたくはないですか？

そのための「SPCの法則」があります。

● S（Share）心の共有
● P（Participation）参加
● C（Communication）コミュニケーション

S（Share）「心の共有」で、価値ある存在を浸透させる

S（Share）「心の共有」とは、スタッフやお客さまに広く、深く、共感していただ

く理念、ミッション、行動指針、ブランドコンセプト、サービスのポリシー、ホスピタリティの考え方を明確にし、浸透する活動です。

スタッフやお客さまの心が、経営者であるあなたの深い慈愛と慈悲のエネルギーを共有するためには、信じるに値する、共感するに値する価値ある存在が必要なのです。すべての宗教が信者さんたちをまとめる上で必要な理念というか、いちばんコアのところに「信じるに値する、共感するに値す価値ある存在」があるのです。

あなたの会社には、綿々と伝わる価値ある存在はありますか？

価値ある存在は、あなたの会社の「経営理念」に表されていなければなりません。「ミッション」に表されていなければなりません。この「経営理念」「ミッション」を実現するために、「行動に指針」を優先順位付きで決めて、実践していなければなりません。

自社の得意な土俵で戦うために、「戦略ドメイン」と「コアコンピタンス」を明確にして、その魅力を打ち出しているはずです。それらは、「ブランドコンセプト」「キーワード」という言葉に現れてなければなりません。

これが、広告宣伝のときのキャッチコピーにも使われているはずなのです。

それが、戦略マーケティングにおける「商品戦略」「営業戦略」のどちらにも、「信じるに値する、共感するに値す価値ある存在」が表れているはずなのです。

もし、表れているかが「よくわからない」とか、「空洞化している」状態だとすると、「信じるに値する、共感するに値する価値ある存在」がないということなのです。

そこには人は集まりません。「信じられない」「共感できない」ということなのですから。

「信じられない」「共感できない」のに集まってくるとしたら、それは何かのメリットを求めてやってきているのです。よくわからない人が、よくわからないまま来ているだけです。そのような薄っぺらい関係です。メリットがなくなれば、すぐに離れて行く関係です。

定着するはずがありません。最初から分離のエネルギーなのですから。

それで「ロイヤルカスタマーがほしい」「ファンをつくりたい」「リピートさせたい」と言うのは、おかしな話だと思いませんか。

Ｐ（Participation）「参加」で、「コミュニティ」の意識を醸成させる

Ｐ（Participation）「参加」とは、全スタッフ、お客さま、お客さまの家族、世の中の皆さまが参加できる「意味のある催事」を定期的に展開し、参加していただくことで、「コミュニティ」の意識を醸成させる活動のことです。

「意味のある催事」でなければ、何の効果も発揮できません。

キリスト教であれば、日曜日の礼拝です。日曜日のバザーもあります。赤ちゃんが生まれれば、洗礼式があります。結婚式、クリスマスの礼拝もあります。お葬式も教会で行ないます。

つまり、人生の節目・節目で、教会に集まりませんか？

「わたしはこの教会のＶＩＰであり、主役である」＝「たいせつなキーマンである」という意識を、ずっと持っているから、彼ら・彼女らは参加するのです。

同様に、あなたの全スタッフ、お客さま、お客さまの家族にも、あなたが展開する「意味のある催事」に参加していただき、「自分はたいせつな存在だ」と感じてもらう

のです。

そして、その重要感を満たし続けることが、とても大事なのです。

神社であれば、お正月三が日の参拝があります。七五三があります。厄払いがあります。神前結婚式があります。お葬式もあります。

お寺さんは、夏は境内で盆踊り、秋は月見の催しがあり、仏前結婚式もあり、先祖供養もあり、お葬式もあります。人生の節目は、ずっとお寺さんで催事があります。だから、「あなたのおうちは、このお寺の檀家さん」。同時に「氏神さんはこの神社」。皆、それぞれに所属意識を持っているのです。

あなたの会社は、どのような「意味のある催事」を行なっていますか？　スタッフやお客さまに、参加者意識、ＶＩＰ、主役、たいせつなキーマン、重要感を持ち続けていただくことができていますか？

重要感を得られるのは、自己満足もありますが、最も意味のある、価値のある重要感は、「人や世の中のお役に立てている」「こんなにも喜んでいただいている」ことが実感できたときです。

「あなたの参加したこの催事は、こんなにも皆に喜んでもらって、あなたは本当に幸せですよね」

スタッフやお客さまが重要感を持ち続けられる、皆が参加できる催事を年間を通じて忘れられないように企画するのです。何度も繰り返し、自覚してもらうのです。

C（Communication）「コミュニケーション」で、価値ある存在の情報を伝達する

C（Communication）「コミュニケーション」とは、定期的に「深い慈愛と慈悲のエネルギーの共有」と「参加」の情報を、媒体を活用して伝達する活動のことです。

いまや、ホームページ、ブログ、ツイッター、フェイスブック、インスタグラム、メールマガジン、ＬＩＮＥ、いろいろあります。そこに、どんな情報を盛り込んでいけば、本当のロイヤルカスタマーが生まれるでしょうか。

あなたがおいしく食べたランチの情報でしょうか？　休日に出かけた旅行先の情報でしょうか？

お客さまは皆、「何であなたの食べたものを見なくちゃならないの？」と思ってい

ますよ。

ここに入れなければならない情報は、「信じるに値する価値を忘れないでください」「共感するに値する価値を忘れないでください」「うちの経営理念はこれです」「ミッションはこれです」「ブランドコンセプトはこれです」「忘れないでください」というメッセージです。

季節のご挨拶では、人をつなぎとめることはできません。

「あそこは、いつ行ってもブレない。経営理念、ミッションが、行動だけでなく、すべてに表れているよ」

このようにならない限り、エゴの人格でエゴの人格にアプローチすることになります。結果は最初から決まっています。分離のエネルギーです。

このコミュニケーションに入れていい情報は、たった2つです。

● 変わらぬ不動の「深い慈愛と慈悲のエネルギーの共有」を忘れさせない情報
● 事業に関わるすべての人やクライアントが重要感を満たすことができる、人や世の中のお役に立てて、こんなにもまわりの人に喜んでいただける、一人ひとりが参加できる催事がいつも用意されているという情報

これ以外の情報は、必要ありません。

お客さまが興味があるのは、自分のことです。あなたのことではありません。

いかに自分の生活の質が高くなるか。いかに幸せになれるか。いかに重要感を満たすことができるか。そこにしか、スタッフもお客さまも興味がないのです。

これが、ロイヤルスタッフと、ロイヤルカスタマーをつくる法則です。

「人事（採用、教育）」

富士山のように、個性・才能が融合すると、感動を生み出す

あなたは、どのような人財を求めていますか？

わたしの場合は簡単です。右脳に歩み寄るトレーニングを毎日一緒に行なう人です。これだけです。それ以外は、いっさい見ません。ここがわたしどもの「共有」すべき価値ある存在だから、譲れないのです。

ところで、あなたは富士山を見ると、どのような気持ちになりますか？

「勇気がもらえた」「元気になった」「心が清められた」「感動を覚えた」……。他の山とたたずまいが全然違いますよね。「霊峰富士」と言われる所以でしょう。

遠くから見る富士山は、雄大で、うつくしい山です。しかし、近くに行くと、いろいろなものが混ざっています。

草や花を育む土、無骨で硬い岩、枯れた古い木、大きく緑がうつくしい新木、小さく可憐な花、根をはる力強い雑草、哀愁のある秋のススキ……。すべてがあって、そこに雪が重なって、われわれが霊峰と感じる富士山なのです。

会社組織も同じです。個性・才能を融合させると、大きな力を発揮し、感動を生み出します。

そのためには、経営理念やミッション、行動指針、ブランド・コンセプトを確立し、従業員や関わるすべての人たちに浸透させ、共有、実践していただかなければなりません。

会社全体のエネルギーの状態が、善くも悪くもそのまま、従業員同士、家族、友人、知人、お客さま、お客さまの家族、世の中すべてに伝わっていきます。

いま、この瞬間のエネルギーの状態が、なんとなく人間として察知するエネルギーの状態が、会社のイメージとして伝わり、広がっていくのです。

個性・才能は、それぞれの使命や役割を持っている

一つひとつの個の命、個性・才能は、それぞれの使命や役割を持っています。置かれた場所で、個性・才能を発揮し、個の命を全うします。

そして、一人ひとりが「深い慈愛と慈悲の人格で一瞬ごとに生きることが、人生の目的だ」ということを知ったときに、はじめて持って生まれた個性・才能が100%発揮されるようになります。個性・才能は輝くことによって、人や世の中を喜ばせ、幸せにすることができるのです。

さらに、個の命が融合し、大いなる宇宙のエネルギーと一体化すると、「左脳の人格＝「エゴの常識」をはるかに超えた、すばらしく大きなエネルギーとなります。

美しさは究極となり、見るもの、触れるものの目をくぎづけにし、感動を通り越し、究極の命さえを感じさせます。

これが富士山の魅力です。あるいは星空を見て、「すごいなぁ、宇宙があるんだなぁ」と感じる、あの魅力です。

だれもが100点満点の個性・才能を両親や先祖、そして大いなる宇宙から授かっているのです。

しかし、あなたの会社の採用基準は、「会社にこんな人がいたらいいなぁ」という会社の都合から発信していませんか？

経営者「こんな人がほしいね」

人事部「こんな人が面接に来ました」

経営者「ちょっと、うちの会社では難しいかな」

その人の能力やキャリア、その他いろいろなものを見て、「難しい」と判断しているわけです。

本当に、その決め方でいいのでしょうか。

いいえ、スタッフの個性・才能から、すべてを思考することです。つまり、人事に関する考え方が、根っこから違うということです。

能力や経験といった、会社が欲しい人材のターゲットを明確にし、求めるポジションの業務を担える人材を発掘し、選考していく流れは、左脳で考える普通の人材採用基準です。

入社希望者を、会社都合の求めるポジションに当てはめて選考すると、「この人は使えない」「この人では経験不足だ」となってしまいます。

この方法では、絶対にあなたの左脳のエゴが満足する人材は来ません。

一方、真逆の採用方法があります。

会社の経営理念やミッション、行動指針を真剣に共有して実践してくれる人を採用します。ご縁をいただけた、その人の個性・才能にあったポジション、ステージをこちらでつくる採用方法です。

この採用者の個性・才能に合わせたポジションをつくる方法であれば、必要なときに必要な人財が、完全、完璧なタイミングでスッと現れるのです。

面接では、敵をつくらないようにする

皆さんは、面接をどのような態度で行なっていますか？

「よく、うちを受けに来てくれました」と、「右脳の人格」＝「慈愛と慈悲のエネルギー」で面接を行なっていますか？

それとも、その人を裁いて品定めして、評価して、「うちでは難しい」と、左脳の人格＝エゴが優位に立っているかのような態度で面接を行なった挙句に、落としていませんか？

あなたの面接での態度が、もし左脳的なエゴの人格で面接者を裁こうとしていたら、落とされた者は、「あんな会社のものなんて、絶対に買うか！」と、家族や友人、知人に言い振らしているでしょう。

なぜ、わざわざ敵をつくるような態度で面接を行なうのですか？　面接官は、えらいのですか？

あなたが深い慈愛と慈悲のエネルギーで、求職者の深い慈悲と慈愛のエネルギーに

焦点を当て続け、面接を行なっていれば、すばらしい戦力になっていたかもしれないのです。

これまでのキャリアや、いま、何ができるかだとか、そこを見ていると思います。しかし、そうではないのです。人間としての不完全さを見るのではなく、求職者の右脳にある、本当に深い慈愛と慈悲のエネルギーだけに焦点を当てるのです。

面接でいちばん多いのは、「うちの会社は、○○がすごいんだよ」という面接官の自慢する発言です。

エゴのオンパレード。

入社してもらいたいとの思いからか、自慢話がはじまってしまうのでしょう。

あなたは、他人の自慢話を聞きたいですか？

自社の理念やミッション、行動指針、そして強みや特徴を正直に、わかりやすく説明しましょう。ただし、弱みも真摯に、しっかりと伝えてください。

「うちは、こういうところが全然できていなくて、まだまだ従業員への愛情表現が行き届いていないのです」

そして、たとえ不採用に決めたとしても、決して敵をつくらないように心がけてください。

不採用の連絡も、あっけない文章では、かえって相手を怒らせるだけです。心のこもったメッセージでなければ、敵をつくってしまいます。

宇宙の法則から外れると、時間とともに分離する

自社の経営理念やミッション、行動指針のすばらしさ、特徴などが魅力的に表現、アピールされている、求人用のパンフレットは、つくっていますか？

ただ、表現しているものではありません。相手の「右脳の人格」＝「深い慈愛と慈悲の人格」にしっかりと伝わって、その人格が、共振、共鳴、感動するパンフレットでなければ、意味をなしません。

なぜなら、家に帰ったときに見て、思い出す資料がないからです。

「あの社長の話、いいこと言ってたけど、忘れちゃった」となりますから。

求職者は3社も4社も受けています。当然、比較検討しています。

「ここがいい。やっぱり違うと思う」

何かを感じるわけです。その何かが、エゴの人格が感じる何かではなく、右脳の慈愛と慈悲の人格が「何かわかんないけど、ザワザワするんだよね、本物っぽい何かが」と感じているわけです。

ゴミのようなエゴを掴むのか、宝物をつかむのか、それほど違う結果になるのです。「あなたの個性・才能を伸ばす応援を全力でプロデュースができる」ことを謳っていなければ、良い人財は採用できません。

いいですか。あなたのために滅私奉公しようという人は、ひとりもいません。どこにもいません。これは忘れないでください。

すべての人は、自分が物心両面で豊かに、幸せになりたいがゆえに、働こうとしているのです。

ですから、こちらの理屈、こちらの発想を出した瞬間に、宇宙の法則、真理から大きく道が外れたと思ってください。

そこでいただいた縁は、必ず分離します。

道を外れて「エゴ」のエネルギーで一緒になった縁は、必ず、時間とともに、時期がくれば分離します。

求職者の物心両面の豊かさ、幸せを、いかに応援するか。求職者はここにしか興味がありません。

「ユニバーサル・カンパニー型経営」

オーナーシップ 対 パブリック 対 ユニバーサル・カンパニー

経営のスタイルを非上場企業の「オーナーシップ型」、上場企業の「パブリック型」、そして「ユニバーサル・カンパニー型」の3つに分けて説明しましょう（図表13）。

「オーナーシップ型」は社長のリーダーシップにおいて戦略の意思決定はひとりで決めます。株主などの外部の意見を聞く必要はありません。

それに対して上場企業は、戦略の意思決定は有識者や役員会、ミーティングを重ねて決めます。議論を重ねて計画的に期限を決め、組織のあるべき姿、目指すべき成功のイメージを想定します。

図13｜オーナーシップ型、パブリック型、ユニバーサル・カンパニー型

オーナーシップ型

- A 社長のリーダーシップにおいて戦略の意思決定は一人で決める。
- B 経営者は大きなリスクを抱える。（例：固定費や個人保証など）
- C 会社の夢や利益は創業者が独占できる。
- D 不得意分野の仕事も、経営者が自分でやる。
- E 企業情報は開示しない。
- F 経営資本、金融資本、労働資本は経営者一人で行う。
- G 事業の推進スピードが遅い。

パブリック型

- A 戦略の意思決定は有識者や役員会、ミーティングを重ねて決める。（衆知を集める）その上で議論を重ねて、計画的に期限を決めて、組織のあるべき姿、目指すべき成功のイメージを想定する。
- B リスクを最小限にヘッジする。
- C 株主としての利益を確保できる。取締役、重役は報酬も高い。
- D 多くの協力者がそれぞれの得意分野を生かして同じ理念と目的や目標のために協力して事業を推進する。
- E 企業情報を開示し、オープンな経営を行なう。
- F 経営資本、金融資本、労働資本の役割が明確でしかも融合しているので、オーナーシップ型に比べ、ダイナミックな事業を展開できる。
- G 事業の推進スピードが速い。（ハイスピード・マネジメント）

ユニバーサル・カンパニー型

- A 戦略（市場＝ターゲットに対して何をやるのか？）の意思決定は、「宇宙カンパニー」が決める。自分のやりたい！　こうしたい！　こうあるべきだ！　は、持たない。
- B リスクはなくなる。
- C 関わるすべての人が、物心両面で豊かに、心の底から幸せになる。正直者は評価が高い。
- D 両親、先祖、宇宙から授かった個性、才能が融合する（天才の集合）。
- E そもそも開示する秘密が存在しない。
- F 全宇宙が応援して、あらゆる資本が集まってくる。規模は無限大。
- G 事業の推進スピード、拡大の範囲は、宇宙の法則に等しい。（ユニバーサルスピードマネージメント）つまり一瞬。

事業計画をしっかりとつくらなければなりません。つまり、社長のオーナーシップで決められないのが上場企業です。

「ユニバーサル・カンパニー型経営」は、戦略の意思決定はユニバーサル・カンパニーが決める。ユニバーサルとは宇宙のことです。

「自分のやりたい」「こうしたい」「こうあるべきだ」は、持ちません。自分の目の前に、「これをやりなさい」という道が示されます。

右脳に歩み寄っている経営者に聞いてみてください。「将来のビジョンはありません」と言いますから。エゴを消すと、「自分が何をしたい」というのがなくなるのです。やりたいことは何もないけど、やらせていただくことが目の前に次々と現れます。

国際宇宙ステーション経営

「ユニバーサル・カンパニー型経営」は、リスクがなくなります。借金という概念がなくなります。自分の会社を守ろうと思っているうちは、自分でリスクを背負わなければなりません。

会社が宇宙からの借り物で、「これは自分の物ではない」と、ハッキリと言い切ったときから、全宇宙からあらゆる財産が集まります。お金も人も信用も、皆が提供してくれて、アッと言う間に集まります。

もし、「これは自分のものだ」と言い続けているとしたら、「あなたの物に、どうして私がお金を出さないといけないのですか？」となるのは、当たり前です。

「これは自分の物ではありません。宇宙の物です。皆さん、価値があれば使ってください」と言えば、「使う、使う」と、皆が使い始めるのです。

融合の経営です。われわれは「国際宇宙ステーション経営」と呼んでいます。

ロシアとアメリカのように、仲の悪い会社であっても、皆が知恵と人財と技術情報を出し合ってやっているのです。

分離や争いが起こらないように、事前にしっかりとグランドルールを規定します。融合するために、個の主張ができない規制、規律を確立するのです。

「オーナーシップ型」と「パブリック型」は左脳で経営を行なっています。過去と未来しかありません。

右脳の人格には、「いま、この瞬間」の連続しかありません。つまり、「自分の物ではない、宇宙の物だから、皆に共有してもらいましょう」と言った瞬間に、さまざまな財産が一瞬で集まります。

つまり、瞬時に規模の拡大ができるのです。

「財務戦略」

「恐怖から逃れる」モチベーションに陥っていないか

エゴで経営を行なっているときは、どれだけ経営の知識や技術をトレーニングし、身につけ、経験を積み重ねても、不安がつきまとっています。

「売上げが上がってきたな、儲かってるぞ」

このような状況で決算を迎え、実際に通帳の中に預金や現金があったとしても、不安感は拭えず、どこかで必ずマイナスのことを考えています。

「こんなにうまくいくはずがない」「ずっと続くはずがない」「売上げが上がらなくなったときに、この現金は、一気になくなってしまうんだろうな」「売上げが下がったら、どうしよう」「競合が出てきたら」「この商品が売れなくなったら」「キーマンの彼が辞めたら」「急に売上げが下がって支払いが遅れたら、あの取引先の取り立ては厳しいんだろうな」

常にビクビク怯えているでしょう。

経営者は、まず、通帳の預金や現金を減らしたくないのです。無駄なところにお金を使いたくない。必要なところには、もちろん投資もするし、お金は使うけど、できるだけ安く買いたい。ローコストにしたいのです。

なぜなら、会社を守りたいから。資金や財産を減らしたくないからです。

これ以上の不安な思いをしたくないが故に、売上げをどうしても下げたくない。出店した店を閉じるのは怖い。事業が縮小していくのは、自分の命がなくなるのに匹敵するくらい、恐怖がつきまとうのです。

したがって、規模が縮小しないように、あるいは、利益が縮小しないように、とにかくしたい。

だから、今日もガンバるのです。

これが、経営者のモチベーションになっています。

「金持ちになりたい」「見返してやりたい」「いずれオレの夢を実現してやる」と、自己実現を目指してやってきたら、いつの間にか「恐怖から逃れる」モチベーションで経営をしているのです。

ほとんどの経営者が、こういう状況で経営を行なっているのです。

これではうまくいくはずがありません。なぜなら、「恐怖から逃れたい」と思えば思うほど、心の中の恐怖は時間とともに現実化するのです。宇宙の法則です。

「恐怖心」や「煩悩」にアプローチする方法

売上げとは、どれだけの人が喜んでくれたか、満足してくれたか、本当に良かったと思ってくれたか、そして、どれだけの人に必要とされたか、その結果の数字です。

ところで、売上げを上げる方法は、２種類あります。

ひとつは、人々や社会のエゴを満足させて上げる方法です。人間の「恐怖心」や「煩悩」にアプローチをする方法と言えます。

多くの会社が、人間の「恐怖心」や「煩悩」に対して商品をつくっています。世間で普通に流通している商品であり、サービスです。それ自体、問題はありません。

しかし、これを長くやっていると、人間はどうなるでしょう。

人間の「恐怖心」や「煩悩」「防衛本能」に対してアプローチを行ない、利益を出し続け、会社がどんどん大きくなって、とてつもない売上げになり、財産も築けたとして、その結果、この経営者は何を思うかというと、「オレは、このために生まれてきたわけではない」「これにどんな意味があるのだ」というところにぶち当たるか、本人自身が次のステージに上がるために病気になるか、何かたいへんなことが、必ず起こります。

これは、すべてメッセージなのです。

そこまで行って、「あなたは人々の煩悩に対してアプローチして、利益を上げることは立派にできたでしょ。次はそこではなくて、『真理』でしょ」という時期が来るのです。

「そんなことやってる場合じゃないでしょ」「お金儲けはもういいでしょ」「欲とか得

とか、そんなことばかり相手にして、何をやってるの？」「あなたが生まれてきた意味は、そこではなくて、人を真理に目覚めさせることでしょ？　何をやってるの？」

このように言われる時期が、必ず来ます。

そのときは、もしかすると、やっている仕事をすべて、会社ごと、手放さなければならなくなる可能性もあります。

お金にきれい、汚いはありません。仕事に良い、悪いもありません。人にも、モノにも、情報にも、良い、悪いはありません。

すべて使う人、向き合う受け取る側の心の状態、エネルギーによって、その意味が180度、変わるのです。

たとえば、野球の試合で逆転満塁ホームランを打って観客を感動させる、その選手が使用したバットも、強盗が何かを奪うために人を傷つけたり殺めたりするために使うバットも、同じバットです。バットに意味はないのです。使う人の心の状態や目的により、その意味は真逆に変わるのです。

「深い慈愛と慈悲のエネルギー」にアプローチする方法

2つ目の売上げを上げる方法は、人々の心の奥底に眠っている「深い慈愛と慈悲のエネルギー」にアプローチする方法です。

人々や世の中の煩悩に対してアプローチするビジネスモデルではなく、人々の心の奥底に眠っている「深い慈愛と慈悲のエネルギー」にアプローチするビジネスモデルです。

人々や社会が、心の底から共感し、感動し、物心両面で豊かになることのお手伝いをするビジネスです。

「深い慈愛と慈悲のエネルギー」にアプローチするビジネスモデルに目覚めていくと、全宇宙の森羅万象が、その事業をあたかも応援してくれているかのように、他力が集まってきます。

その結果、左脳のエゴの想像をはるかに超えた、業績や結果が生まれるのです。

目指すべき財務のあり方

通常、資金調達を行なう場合は、金融機関や投資家に、「こうやれば、これだけ儲かります。だからうちに投資してください」「返済できるので、お金を貸してください」とお願いします。

それに対して、「どれだけ補償能力がありますか？」「返済資源はどれくらいありますか？」「だれか保証人はいますか？」「担保物権はありますか？」と値踏みをされるのです。

これが金融のシステムです。

では、あなたのビジネスが、人々の心（右脳）の奥底に眠る深い慈愛と慈悲のエネルギーに対してアプローチするビジネスモデルに昇華した場合、どうなるのでしょう。

そこには、「売上げをつくる」「利益を出す」、あるいは「資金調達をする」というものは、無重力のように力がいらなくなる世界があります。

どういうことかというと、お金は必要なタイミングで、必要な量が、必ず、エネルギーのように流れ込んで来るのです。

それを、ただ活用するだけです。

このような現象が起こるとき、経営者の心の状態は、不安、心配、守ろうとするエネルギーから、「少しでも人のお役に立ちたい」「世の中の役に立ちたい」「関わるすべての人に、物心両面で豊かになっていただきたい」「人々に心の底から幸せになって欲しい」という風に変わってます。

「守る」というエネルギーから「与える」というエネルギーにに変わります。「与える」人のところには、人も物も資金も、そして情報も、すべて流れ込んでくるのです。


周到に計画して「資金がこれだけいるから、こういう計画書をつくって、どこどこの銀行に行って」というのは、あくまでも左脳でやっている財務戦略です。

右脳に歩み寄ったとき、その計算や計画や周到な準備はいらなくなります。

皆さんには、最後はここを目指していただきたいのです。

おわりに

責任とは、愛の深さ、慈悲の深さ、大きさに比例します。

責任は義務ではありません。

「あの人、責任感があるよね」「何でも責任を持って仕事をするね」というのは、愛と感謝の気持ちが深くあるからやれるのです。

「いくらもらえるんですか？　じゃあ、やります」。これは愛ではありません。「エゴ」がいう義務です。

右脳の深い慈愛と慈悲に、義務という言葉は存在しません。

義務というのは、「やらなければならない」です。

「やらなければならない」という言葉の裏側は、本当はやらなくてもいいと思っているし、やりたくないのです。でも、この対価をもらうために「やるしかない」ということです。

「人をよろこばせたい」「人に感謝を伝えたい」「人にもっと愛を伝えたい」「そのために、わたしがやらせていただきます」と思うのが責任です。

その深い慈愛と慈悲のエネルギーを実践することが責任です。

義務を果たすことではありません。

従業員の一人ひとりが、もし、義務として仕事をしているとすれば、それは慈愛や慈悲ではないということです。お金をもらっているから仕方なくやっている。お客さまからクレームを言われたくないからやっているのです。

「お客さまに本当によろこんでほしい」「本当に幸せになってほしい」「満足していただきたい」「感動していただきたい」「お役に立ちたい」「そのために、できることを全部させていただく」という、深い慈愛と慈悲を実践しているわけではないのです。

また、メリットで繋がった協力関係は、メリットがなくなった瞬間に分離します。

なぜなら、メリットは左脳のエゴの基準だからです。メリットがあるということは、デメリットがあります。

右脳の深い慈愛と慈悲の人格には、メリットもデメリットもありません。つまり、成功も失敗もないのです。最初から、慈愛と慈悲しかありません。


いままで従業員やまわりの人に「ありがとう」や「お疲れさま」といった感謝の言葉を発したことのない社長が、急に、「みんな、ありがとう」「今日はお疲れさま」「お客さん、ありがたいよね。売上げは足りないけど、愛のメッセージだね。感謝だね」と言い出したら、「社長、最近、おかしいなぁ」と気持ち悪がって辞めて行く従業員が出てくるかもしれません。

そのときに、「マズい、マズい。こんな姿やイメージを従業員に見せたら辞めちゃうかもしれない」と、あなたのエゴはあなたを不安がらせ、心配させ、「やっぱり、いつもの自分に戻らなくては」と誘導します。右脳に行ったり、左脳に行ったり、ブレはじめ、「不安だから」と左脳のエゴが出てきて、結局は、エゴに取り憑かれ、あなたはまた、エゴに支配されてしまうのです。

なぜ「本当に深い慈愛と慈悲の経営、この道一本で行く」と、決めないのでしょう？

この道を進むと決めても、すぐにわき道にそれる。その繰り返しをやっていても、しょうがありません。

あなたは、真理をすでに理解しています。

「そうか、経営には、深い慈愛と慈悲の実践しかないんだ」「いま、この瞬間が最高だ」「感謝しかない」という連続が、経営を本当に豊かにしていく唯一の方法なのです。

これこそが、本当の経営の実践なのです。

右脳に歩み寄る最高経営学は、知識として応用するのではありません。

「生まれてきた目的をそのままやってください」と言っているのです。

生まれてきた目的は、深い慈愛と慈悲の心に目覚め、それを実践するだけです。それ以外に生まれてきた意味などないのですから。

ファーストクラス・コンサルティング・フォース
藤波 鎮夫

2018年5月

【著者プロフィール】

藤波 鎮夫（ふじなみ・しずお）

株式会社ファーストクラス・コンサルティング・フォース
シニアエグゼクティブコンサルタント

根本的、抜本的な経営改革の鍵である「右脳に歩み寄る慈愛と慈悲の最高経営学」のエキスパート。一般社団法人インターナショナルマインドセットケア協会（IMA）顧問も兼務。

株式会社ファーストクラス・コンサルティング・フォース

先を見通すシャープな洞察力で、常に的確で切れ味のよいアドバイスと独創的な戦略企画を提供する戦略コンサルティング会社。経営者の心の奥底に眠る無限の可能性を引き出し、クライアントの「売上倍増」を実現。企業の経営戦略参謀として、新規事業の立ち上げから経営再建に至るまで、次々と実績を更新中。経営者や従業員の意識改革、戦略企画や事業計画の策定、月次経営管理、人事制度改革、資金調達など、抜本的、根本的な経営改革を徹底的にサポートする、経営指南のスペシャリスト集団である。

TEL 03-6450-4020
https://fccforce.com

あなたの中のヒトラーが会社を滅ぼす

右脳に歩み寄る慈愛と慈悲の最高経営学

2018年7月20日 第1刷発行

◉著　者　藤波 鎭夫
◉発行人　上坂 伸一
◉発行所　株式会社ファーストプレス
〒105-0003　東京都港区西新橋1-2-9 14F
電話 03-5532-5605（代表）
http://www.firstpress.co.jp

装丁　デザインワークショップジン
イラスト　中野カンフー
本文デザイン・DTP　株式会社オーウィン
印刷・製本　シナノ印刷株式会社

ISBN 978-4-86648-011-4